Ina Krabbe

Das magische Minus

Zahlenjagd im Labyrinth

Das Buch wurde auf FSC-zertifizierte Papier gedruckt und leistet damit einen aktiven Beitrag zur nachhaltigen Bewirtschaftung der Wälder rund um den Globus.

MIX
Papier aus verantwortungsvollen Quellen
FSC® C014138

ISBN 978-3-943086-18-8

2. Auflage Mai 2018

Illustrationen: Ina Krabbe

www.suedpol-verlag.de

Bibliographische Information der Deutschen Nationalbibliothek
Die Deutsche Nationalbibliothek verzeichnet diese Publikation in der Deutschen Nationalbibliographie; detaillierte bibliographische Daten sind im Internet über http://dnb.ddb.de abrufbar.

Inhalt

Kapitel 1
Die verschwundenen Zahlen

Wie fast jeden Morgen waren Marlon und seine Zwillingsschwester Clarissa spät dran. Mit halsbrecherischem Tempo sausten sie auf ihren Besen über die Baumwipfel auf das Schloss zu. Hier besuchten sie die zweite Klasse der Zauberschule Simbalablitz. Und ihr Klassenlehrer Waldemar Siberius mochte es gar nicht, wenn seine Schülerinnen und Schüler nicht pünktlich zum Unterricht erschienen.

»Wir sind nicht die Einzigen, die zu spät kommen«, rief Marlon seiner Schwester zu. Clarissa hatte den kleinen grünen Punkt auch schon erspäht, der von der anderen Seite aufs Schloss zuflog und ihnen nun wild zuwinkte.

»Das ist Elmar!« Clarissa winkte zurück.

Elmar war der beste Freund der Zwillinge und ging in die gleiche Klasse.

»Der ist doch sonst immer so pünktlich«, wunderte

sich Marlon. Er beugte sich tief über seinen Besen und gab Gas. »Aber heute bin ich vor ihm da!«

Tatsächlich stand Marlon schon auf dem Schlosshof, als Elmar und Clarissa wenig später eintrudelten.

»Erster!«, grinste er.

»Aber nicht gerade der Erste in der Schule«, stellte Clarissa trocken fest, denn der Platz war schon ziemlich leer, bis auf einige wenige Schüler, die eilig die Treppe hochliefen.

Während die Freunde zum Besenkeller rannten, um ihre Besen wegzustellen, erzählte Elmar ganz außer Atem, warum er so spät dran war. Erst hatte er seine ganze Sockenschublade durchsuchen müssen, aber kein einziges passendes Paar mehr gefunden, und dann war er auf dem Flug zur Schule fast noch mit einem äußerst merkwürdigen Tier zusammengestoßen.

»Ein riesengroßer Vogel, fast so groß wie ein Pferd, mit lila schimmernden Flügeln und einem langen Schnabel und zwei riesigen, spitzen Zähnen. Und an den Füßen hatte das Monster Krallen wie Messer! Das könnt ihr euch nicht vorstellen!« Elmar wurde jetzt noch ganz rot im Gesicht, als er daran dachte, wie knapp er diesem Ungetüm entkommen war. Es konnte aber auch daran liegen, dass sie gerade durch den Gang zu ihrem Klassenraum rannten und er langsam außer Puste kam.

Marlon wusste nicht so recht, ob er Elmar die seltsame Geschichte glauben sollte. Die mit den Socken schon, klar, das war ihm heute genauso gegangen. Bei ihm fehlten in letzter Zeit auch ständig irgendwelche Socken. Aber die Sache mit dem fliegenden Monster hatte Elmar bestimmt nur geträumt.

»Endspurt!«, rief Marlon und flitzte um die Ecke, als er abrupt von etwas Blauem gestoppt wurde. Das Blaue war der Kittel ihres Hausmeisters Herrn Sauberlot, der von der Wucht des Zusammenpralls nach hinten geschleudert wurde. Mit ihm segelten jede Menge kleine rote Pappkartons durch die Luft. Marlon konnte sich gerade noch fangen und rieb seinen schmerzenden Arm, während Clarissa und Elmar schnell halfen, die Schachteln aufzuheben.

»Kannst du nicht aufpassen? Sapperlot noch mal!«, fluchte der Hausmeister und rappelte sich mühsam auf. »Was macht ihr denn noch hier? Warum seid ihr nicht in eurer Klasse?« Er riss den Kindern die Päckchen aus der Hand und humpelte schnell weiter. »Ich sollte doch mal mit der Direktorin reden …«, murmelte er vor sich hin. »Wo soll das noch hinführen!«

Elmar klaubte noch eine rote Schachtel vom Boden, die Herr Sauberlot in der Eile übersehen hatte. »Mmmmh, Himbeeraugenkekse, lecker!«, stellte er fest. »Ob es auffällt, wenn wir uns diese klitzekleine Packung heute in der Pause teilen?«

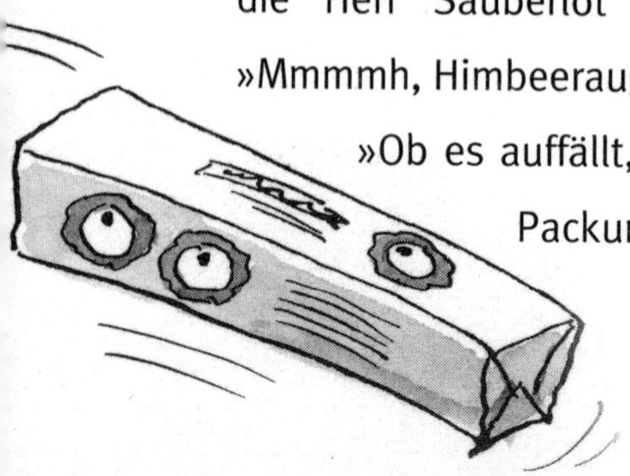

Marlon wollte gerade begeistert zustimmen, aber Clarissa schnitt ihm energisch das Wort ab. »Kommt nicht in Frage, Elmar! Die Kekse geben wir nachher im Hausmeisterbüro ab.« Sie schnappte ihm die Packung aus der Hand, drehte sich um und lief weiter.

»Spaßbremse«, murmelte Elmar, während er den Zwillingen zum Klassenzimmer folgte.

Doch gleich darauf blieben die Kinder verwirrt stehen. Welche Tür war denn nun die zu ihrem Klassenzimmer? Die großen braunen Holztüren sahen auf einmal alle gleich aus. Aber hier musste es doch irgendwo sein?! Oder hatten sie den falschen Gang genommen?

Marlon kratzte sich am Kopf. Irgendetwas stimmte hier nicht!

Elmar kam als erster drauf. »Es stehen keine Zahlen mehr auf den Türen«, stellte er fest.

Clarissa nickte. »Komisch.« Noch komischer war, dass ihr auch gar keine Zahl einfiel, die darauf hätte stehen müssen. Und am komischsten war, dass ihr eigentlich überhaupt keine Zahlen einfielen. Sie sah an Marlons und Elmars verwirrtem Blick, dass es den beiden nicht anders ging.

In diesem Moment wurde die Tür aufgerissen und Vladimir, einer ihrer Mitschüler, peste aus der Klasse.

»Ich muss zur Direktorin«, rief er den Freunden im Vorbeilaufen zu. »Bei uns in der Klasse sind alle Zahlen verschwunden!«

»Prima, jetzt wissen wir wenigstens, wo unsere Klasse ist«, meinte Marlon und schlüpfte durch die Tür.

Im Klassenzimmer herrschte ein ziemliches Durcheinander und so konnten sich die Kinder unbemerkt unter ihre Mitschüler mischen. Ihrem Klassenlehrer Waldemar Siberius, einem kleinen, kugelrunden Zauberer, standen die Haare noch wilder vom Kopf als sonst. Nachdenklich betrachtete er die Aufgabe, die er gestern an die Tafel geschrieben hatte. Da, wo vorher Zahlen gestanden hatten, waren jetzt nur noch Lücken. Ob seine Zauberschüler das Rätsel auch ohne Zahlen lösen konnten? Schnell fügte er noch ein *wenigstens* in den Text ein, so müsste es gehen.

Er drehte sich zu seiner Klasse um, die aufgeregt durcheinanderquatschte und klopfte mit dem Zauberstab ein paar Mal auf seinen Tisch. »Ruhe bitte«, rief er. »Lest euch die Knobelaufgabe an der Tafel durch und überlegt, wie ihr das lösen könnt.«

»Das geht nicht«, rief Heribert, ohne nachzudenken. »Die Zahlen sind doch weg!«

»Na klar geht das«, meldete sich Clarissa. »Da müssen wir nur ein bisschen herumknobeln.«

Clarissa, Elmar und Marlon taten sich zusammen und malten ein paar Minischlurpse und Hoppelhopser auf Zettel, die sie so lange herumschoben, bis sie das Ergebnis hatten.

Elmar durfte die Lösung vorne an die Tafel schreiben – oder besser *malen*.

»Danke Elmar, sehr gut gelöst«, sagte Herr Siberius zufrieden und räusperte sich. »Nehmt eure Zauberbücher heraus. Bis die Direktorin kommt, werden wir uns mit der Welt der magischen Tiere beschäftigen. Das hat wenigstens nichts mit Zahlen zu tun«, brummelte er. »Schlagt Seite ...« Er verstummte und schüttelte dann den Kopf. »Nein, das geht ja gar nicht. Also guckt mal irgendwo in der Mitte von eurem Buch, da ist ein Bild von einem großen lila Vogelwesen mit zwei riesigen Zähnen.«

Alle Kinder blätterten hektisch in ihren Büchern und Herr Siberius lief durch die Tischreihen, um ihnen zu helfen, die richtige Seite zu finden.

»He, den kenn ich doch!«, rief Elmar, als er das Bild gefunden hatte. »Mit diesem Monster bin ich heute Morgen fast zusammengestoßen!«

»Das glaube ich kaum«, lachte Herr Siberius. »Das ist ein gemeiner Säbelzahnschlurps, der ist inzwischen aber ausgestorben – zum Glück! Mein Opa war seinerzeit ein berühmter Schlurpsjäger, der hat noch einige von ihnen gefangen. Das waren sehr gefährliche, magische Tiere.«

»Seht ihr – *gefährlich*! Sag ich doch«, zischelte Elmar seinen Freunden zu. Er verschränkte die Arme vor der Brust und sah seinen Lehrer beleidigt an. Er wusste doch wohl selbst am besten, was oder eher *wen* er heute Morgen gesehen hatte!

Herr Siberius zog ein verbeultes, krummes Metalldding aus seiner Tasche und strich liebevoll darüber. »Ein Erbstück von meinem Opa, ein Schlurpsjagdhorn«, murmelte er versonnen. »Wenn man darauf tutet, jagt der Ton los, um einen Schlurps aufzuspüren. Hat er ihn gefunden, friert er den Schlurps ein, bis die Jäger eintreffen und ihn unschädlich machen können.«

»Darf ich mal reintuten?«, fragte Marlon neugierig.

Herr Siberius drückte das Horn an sich. »Auf gar keinen Fall, Marlon. Es ist für den Menschen ein entsetzlicher Ton und er sucht so lange, bis er einen Schlurps gefunden hat. Aber da sie ausgestorben sind, darf man heute das Schlurpshorn nicht mehr benutzen. Der Ton würde auf ewig hier durchs Schloss geistern.«

»Schade.« Marlon ließ sich zurück auf seinen Stuhl fallen. Er hätte es gerne mal ausprobiert.

»Annalena, ließ doch bitte mal vor, was da zu dem Säbelzahnschlurps im Buch steht«, forderte Herr Siberius eine Schülerin auf.

»Der gemeine Säbelzahnschlurps gehört zur Familie der Schlurpse. Er ist einer der ältesten Schlurpse und lebte bereits in der frühen Zauberzeit«, begann Annalena. »Er ist ungefähr ..., äh, lang und ungefähr ..., hm, schwer. Es gibt nur noch schätzungsweise ..., öhm, Exemplare von ihm.«

»Halt, stopp!«, unterbrach ihr Klassenlehrer sie. »Das ist wohl auch nicht das Richtige. Am besten ...« Er überlegte angestrengt. »Ja, am besten nehmt ihr Blatt und Stifte und malt etwas. Da kann ja nichts schiefgehen«, seufzte er erleichtert. So waren seine Schüler beschäftigt, bis die Direktorin kommen und dem Spuk ein Ende bereiten würde.

Genau in diesem Moment klatschte etwas mit einem furchtbaren Knall gegen die Fensterscheibe.

Kapitel II
Geheimnisvolle Botschaft

Waldemar Siberius und seine Schüler starrten gebannt auf das knubbelige graue Wesen, das da an der Scheibe klebte und mit großen Augen in die Klasse glotzte. Als es sich langsam mit seiner langen, spitzen Zunge über die Lippen fuhr, konnten alle die breiten gelben Zähne in seinem Maul sehen.

»Das ..., das ..., du liebe Güte«, stammelte der Klassenlehrer. »Wenn mich nicht alles täuscht, ist das ein Steinbeißer. Wo kommt der denn her?«

Clarissa suchte sofort in ihrem Zauberbuch nach einer passenden Abbildung. Sie stieß Marlon in die Seite. »Guck mal, hier steht etwas dazu. *Steinbeißer, sehr seltenes, magisches Tier, wahrscheinlich ausgestorben. Merkmale: grauer schuppiger Körper, ungefähr ..., äh, lang, mit wulstigem Schwanz und Schlagkeule am Ende, lebt in großen Rudeln und ernährt sich am liebsten von behauenem Stein. Das Tier hat Saugbeine, mit denen es*

mühelos an Wänden hochgehen kann. Ein Steinbeißer-Rudel kann in kurzer Zeit ein ganzes Gebäude auffressen. Das Auftauchen eines Steinbeißers muss sofort einer Oberen Zauberbehörde gemeldet werden.«

»Das klingt aber gar nicht gut«, meinte Marlon und betrachtete das keulenartige Schwanzende am Fenster, das mitsamt seinem Besitzer langsam nach oben verschwand. Kurze Zeit später war ein leises Knuspern und Knirschen zu hören.

»Was ist das?«, fragte Annalena ängstlich.

Herr Siberius ging zögernd auf das Fenster zu, seinen Zauberstab einsatzbereit in der Hand. Vorsichtig öffnete er einen Fensterflügel und streckte den Kopf hinaus. Dann wurde er kreidebleich, schlug hastig das Fenster zu und stolperte ein paar Schritte zurück.

In diesem Moment wurde die Tür aufgerissen und Vladimir stürzte in die Klasse zurück. »Die Direktorin kommt später«, keuchte er. »Die Zahlen sind *überall* verschwunden, nicht nur in unserer Klasse! In der ganzen Schule gibt es keine mehr!«

»Das ist leider nicht unser einziges Problem«, murmelte der Klassenlehrer. Und weil die Zauberschüler jetzt auch wissen wollten, was ihren Lehrer so erschreckt hatte, drängten alle an die Fenster, um einen Blick in den Schlosshof zu werfen.

»Da ist ja alles voll von den Dingern!«, schrie Elmar.

Tatsächlich klebten massenhaft Steinbeißer an den Schlossmauern und knurpselten fröhlich vor sich hin. An einigen Stellen hatten sie schon tellergroße Löcher in den Stein genagt.

»Die fressen ja unsere ganze Schule auf!«, flüsterte Marlon entsetzt.

Plötzlich erklang hinter ihnen ein schriller Ton. Ein heulendes Quietschen zischte durch den Raum und fuhr den Kindern vom Kopf bis in die Fußspitzen, auch wenn sie sich noch so fest die Ohren zuhielten. Dann huschte der grässliche Ton durchs Schlüsselloch und kreischte draußen über den Gang. Die ganze Klasse starrte auf Vladimir, der mit schuldbewusstem Blick und dem Schlurpshorn in der Hand dastand.

»Warum hast du das getan?! Ich hatte doch gesagt, dass das Horn auf gar keinen Fall benutzt werden darf!«, schimpfte Herr Siberius. Aber dann fiel ihm ein, dass Vladimir ja gar nicht in der Klasse gewesen war, als er den Kindern davon erzählt hatte. Jetzt hatte er *noch* ein Problem, das er der Direktorin beichten musste.

Nachdem Herr Siberius den ersten Schock verdaut hatte, brachte er seine Klasse zur Ruhe und verdonnerte sie wieder zum Malen. »Die Gelegenheit, einen Steinbeißer nach lebendem Vorbild zu zeichnen, bekommt ihr wahrscheinlich nie wieder«, meinte er.

Nachdem die Kinder eine ganze Weile begeistert Steinbeißer gemalt hatten, meldete sich Elmar. »Ich habe Hunger. Wann ist denn Pause, Herr Siberius?«

Der Blick ihres Klassenlehrers wanderte zur großen Uhr über der Tafel. Aber da liefen nur zwei Zeiger orientierungslos über eine weiße Fläche.

»Ja, so genau kann ich das nicht sagen«, brummelte er. »Hat denn hier noch jemand Hunger?«

Sofort schnellten überall Hände nach oben. »Ja!« – »Auf jeden Fall!« – »Ich habe auch Hunger!« – »Jetzt ist bestimmt schon Pause.« – »Wird aber auch Zeit«, riefen die Schüler durcheinander.

Ihr Klassenlehrer zuckte mit den Schultern. »Also von mir aus. Dann geht ihr jetzt in die Pause und ...« Aber der Rest des Satzes ging in dem allgemeinen Gejohle der davonstürmenden Klasse unter.

Clarissa, Marlon und Elmar nahmen den Gang, der

ins hintere Treppenhaus führte. Als sie in die große Eingangshalle kamen, blieben sie verdutzt stehen. Was machte denn ihr Hausmeister da?

Herr Sauberlot stand vor einer Wand, an der knallrote Buchstaben prangten. Aber was sollte das bedeuten?

»Herr Sauberlot, was machen Sie denn da?!«, rief Clarissa.

Erschrocken drehte der Hausmeister sich um.

»Das wüsste ich auch gerne!«, schnappte eine Stimme hinter ihnen. Die Schuldirektorin, Professorin Grimbaldi, eilte mit schnellen Schritten auf sie zu und stoppte genau eine Nasenlänge vor dem Hausmeister. Ihre Augen blitzten wütend, als sie auf die rote Schrift zeigte. »Was, Herr Sauberlot, hat diese Schmiererei zu bedeuten?!«

»Ich ..., ich ...«, stammelte der Hausmeister und sein Blick wanderte zwischen den Buchstaben und der Direktorin hin und her.

»Ich höre!«, sagte Frau Grimbaldi ungeduldig und tappte mit dem Fuß auf den Boden.

»Ich ..., ich weiß es auch nicht«, erklärte Herr Sauberlot. »Als ich zum Speisesaal gehen wollte, habe ich diese Schmierereien hier entdeckt. Ich wollte mir das gerade näher ansehen und in dem Moment sind die Kinder und Sie vorbeigekommen. Ich habe wirklich keine Ahnung, was das heißen soll und wer das gemacht hat.« Der Hausmeister zuckte hilflos mit den Schultern.

»Ich weiß, was es bedeutet!«, sagte Clarissa. Frau Grimbaldi und der Hausmeister sahen sie überrascht an.

»Die Wörter sind nur falsch herum geschrieben«, erklärte sie lässig. »Da steht *Nieder mit dem Rechnen* und *Schluss mit der Zahlen-Quälerei.*«

Die Direktorin lief vor Wut rot an. »Wer wagt es, so etwas an meine Schulmauern zu schmieren?! So eine Unverschämtheit!«

»Da spricht mir aber einer aus der Seele«, flüsterte Marlon Elmar zu. »Schule ohne Rechnen könnte meinen Notendurchschnitt extrem verbessern.«

Elmar grinste. Auch für ihn stand Rechnen nicht ganz oben auf der Liste der Lieblingsfächer. Aber ohne Zahlen fiel dann leider auch Zauberspruchkunde flach, da kaum ein Zauberspruch ohne Zahlen auskam. Das wäre schon ziemlich schade, fand Elmar.

Nur Clarissa war empört! Die hatte aber auch schon immer gerne gerechnet und geknobelt, und dass jetzt alle Zahlen verschwunden waren, gefiel ihr ganz und gar nicht.

Die Professorin blitzte den Hausmeister aus schmalen Augenschlitzen an. »Herr Sauberlot, sorgen Sie bitte sofort dafür, dass dieses Geschmiere hier verschwindet!«

»Tja«, der Hausmeister kratzte sich am Kopf. »Die Frage ist nur *wie*?«

»Na wie wohl?!«, sagte die Direktorin ungeduldig. »Mit dem Wisch-Weg-Zauberspruch natürlich.«

Sauberlot schüttelte den Kopf. »Geht nicht. Da ...«

»Natürlich«, stöhnte Frau Grimbaldi. »Da kommen ja auch Zahlen drin vor. Was machen wir denn da? Wie bekommt man denn so etwas ohne Zauberei weg?«

»Ich würde es mit einem Schwamm versuchen«, schlug Elmar vor. »Und Wasser. Hat meine Oma immer benutzt.«

Die Direktorin fuhr herum und starrte den Jungen irritiert an, dann nickte sie entschlossen. »Genau, Sauberlot. Schwamm, Wasser und Reinigungsmittel. Davon habe ich auch schon mal gehört. So sollte es gehen. Und wenn Sie fertig sind, zählen Sie die Steinbeißer, die da draußen an unserer Schlossmauer hängen. Ich muss der Schulaufsichtsbehörde die genaue Anzahl melden.«

»Aber Frau Professor!« Herr Sauberlot rang verzweifelt die Hände. »Wie soll ich das denn machen? Es gibt doch keine Zahlen mehr! Wie soll ich die Biester denn zählen?!«

»Sie machen das schon, Sauberlot. Ich verlasse mich auf Sie«, murmelte die Direktorin und eilte von dannen. »Ich habe da so eine Idee, wer uns den ganzen Schlamassel eingebrockt hat.«

Kapitel III
Flunkerfisch und Knallbonbons

Marlon, Clarissa und Elmar blickten ihrer Direktorin hinterher, die in Richtung Bibliothek verschwand.

»Was meint sie denn damit?«, fragte Clarissa.

Marlon zuckte mit den Schultern. »Keine Ahnung.«

»Also ich brauche jetzt etwas zu essen«, beendete Elmar die Überlegungen.

Wenig später standen die Kinder zwischen den anderen Schülern aus Herrn Siberius' Zauberklasse im Speisesaal des Schlosses. Elmar blickte hungrig in die leeren Bottiche, die in der Auslage standen. Heute sollte es doch Flunkerfisch mit Kartoffelpüree geben. Aber hier roch es so gar nicht nach seinem Lieblingsessen. Die Köchin rannte mit hochrotem Kopf zwischen ihren Hilfsköchen hin und her und erteilte Anweisungen. Doch die verdrehten nur die Augen oder zuckten mit den Schultern. Was konnten sie dafür, dass die ganzen Rezeptzaubersprüche nicht funktionierten. Entweder wurde der Kartoffelbrei hart wie Zement oder er war giftgrün mit knubbeligen Stücken, und der Flunkerfisch rührte sich auch nicht von der Stelle, obwohl der schon längst in den Ofen gehörte.

»Das dauert noch«, rief die Köchin den Schülern zu und wedelte hektisch mit den Armen. »Kommt später wieder, dann gibt es vielleicht irgendetwas Essbares, mal sehen ...«

Murrend und mit knurrenden Mägen zogen die Schüler ab.

»Mist«, schimpfte Elmar. »Gerade heute habe ich so einen Kohldampf. Ich könnte glatt einen ganzen Berg Flunkerfische verdrücken.«

Marlon grinste seinen Freund an. »Das ist aber nichts Neues, du hast doch immer Hunger, Elmar!«

»Ich habe zum Glück noch Geld dabei«, meinte Clarissa und zog ein paar goldene Münzen aus der Tasche.

»Da steht ja nichts mehr drauf!«, stellte Marlon entgeistert fest. »Was sind die denn jetzt wert?!«

Tatsächlich waren sogar von den Geldstücken die Zahlen verschwunden!

Clarissa zuckte mit den Schultern. »Egal, Gold ist Gold. Damit statten wir jetzt Frau Langhals einen Besuch ab.«

Frau Langhals hatte die Oberaufsicht im schlosseigenen Schulkiosk, in dem es zur Not immer noch ein paar Brötchen oder Schokoriegel gab. Aber viel besser waren die unzähligen kleinen Dosen, aus denen man sich die leckersten Tüten zusammenstellen konnte. Knallbonbons in allen Farben und Geschmacksrichtungen, Brauseecken, Windtüten und Plusterpäckchen mit Überraschungen, saure Fledermäuse und essbare Zauberstäbe – einfach alles, womit man sich die Pause versüßen oder versauern konnte.

»Super Clarissa! Du rettest uns vor dem Hungertod.« Elmar grinste über beide Backen. Lachend rannten die Kinder quer durch den Saal und quetschten sich durch die Flut der Schüler aus den anderen Klassen, die jetzt durch die riesige Flügeltür in den Speisesaal strömten.

Leider waren sie nicht die Einzigen, die auf die Idee gekommen waren, sich beim Schulkiosk mit Süßigkeiten einzudecken. Vor ihnen drängelte sich schon ihre halbe Klasse und bestürmte Frau Langhals mit Wünschen.

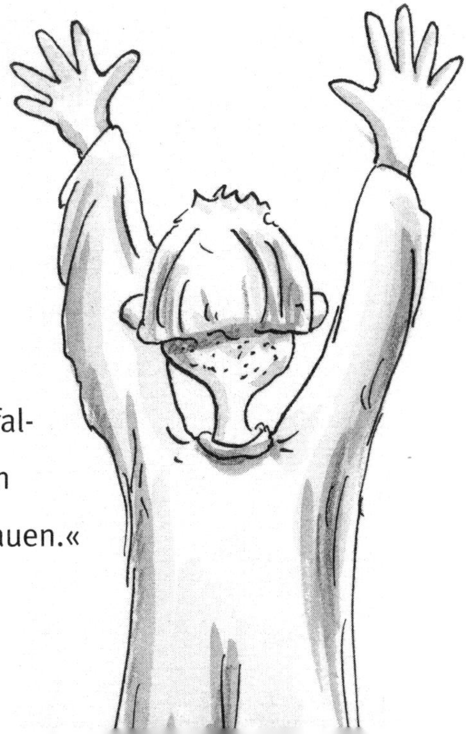

»Ich nehme lila Knallbonbons, so viele«, schrie Knutsen, der ganz vorne stand und beide Hände mit gespreizten Fingern in die Höhe hielt.

»Und ich möchte eine große Tüte von den fliegenden Gummifaltern«, meldete sich Annalena von hinten. »Die orangen und die blauen.«

»Für mich von allem etwas, egal was!«, rief Elmar und versuchte sich nach vorne zu drängeln.

»Moment! Stopp! Wartet!« Frau Langhals wedelte beschwichtigend mit den Händen. »Einer nach dem anderen.« Ratlos betrachtete sie die kleinen Schildchen vor den Dosen, die sonst den Preis für die Leckereien anzeigten – jetzt waren sie leer. »Ich muss erst mal überlegen, wie viel Knutsen für die Knallbonbons bezahlen muss.«

»Genauso viel wie für einen essbaren Zauberstab«, wusste Annalena.

»Und so viele Zauberstäbe ...«, Elmar streckte die Finger seiner linken Hand nach oben, »kosten genauso viel wie so viele Plusterpäckchen.« Jetzt hielt er beide Hände mit gespreizten Fingern in die Luft.

»Also ein Plusterpäckchen kostet jedenfalls das Doppelte von einer Windtüte«, sagte Heribert.

»Für die Windtüte habe ich immer eine Goldmünze bezahlt.« Beim Gedanken an die leckeren Windtüten knurrte Elmars Magen ganz fürchterlich.

Frau Langhals guckte die Kinder verzweifelt an. »Aber wie viel kosten denn jetzt Knutsens Knallbonbons?!«

Elmar drehte sich zu seinen Freunden um. »Das kann ja noch ewig dauern. Lasst uns das mal ausrechnen, sonst komme ich ja nie dran.« Er holte Blatt und Stifte und sie zerbrachen sich über einer komplizierten Zeichnung die Köpfe.

»Also mit Zahlen wäre das bedeutend einfacher!«, schimpfte Marlon.

Die Kinder mussten eine ganze Weile herumknobeln, bis sie wussten, wie viel die Knallbonbons kosteten.

»Knutsen muss so viele Goldstücke bezahlen«, rief Elmar dann zum Kiosk hinüber und zeigte Frau Langhals alle Finger seiner rechten Hand bis auf den Daumen.

Frau Langhals bedankte sich und Knutsen zog mit seinen Knallbonbons ab.

Marlon stöhnte. »Bis Elmar dran ist, ist die Pause vorbei.«

»Du hast recht«, nickte Clarissa und zog ihren Freund kurzerhand am Ärmel aus der Schlange der wartenden Kinder.

»Komm Elmar, ich spendier uns ein paar Himbeeraugenkekse«, schlug sie vor.

»Aber du hast doch gesagt, wir müssen sie Herrn Sauberlot zurückgeben!«, empörte sich Elmar und zog seinen Pullover wieder gerade.

»Ist doch eine Notlage«, grinste Marlon.

Elmar grinste zurück. »Ich war ja gleich dafür, sie aufzufuttern.«

»Dann los«, sagte Clarissa. »Ich habe die Kekse noch in meinem Rucksack im Klassenzimmer.«

Als sie gerade losrennen wollten, fegte ihnen im Gang ein dröhnendes Tuten entgegen, wirbelte um sie herum und schrillte durch ihre Ohren. Marlon schüttelte sich, der unerträgliche Ton ging ihm durch Mark und Bein. Dann zog das Tuten endlich weiter ins Treppenhaus.

»Was war das?!« Elmar hielt sich die Ohren zu.

»Das war das Horn von Herrn Siberius«, stellte Clarissa fest. »Das Tuten ist solange auf der Suche, bis es einen Schlurps gefunden hat, das hat Herr Siberius doch gesagt.«

»Ich hoffe nur, dass es bald woanders sucht.« Marlon verzog das Gesicht bei dem Gedanken an das grässliche Geräusch.

Clarissa wollte gerade zu einer Erklärung ansetzen, als Professorin Grimbaldi vor ihnen um die Kurve bog und fast in Marlon hineinlief.

»Da seid ihr ja!«, rief sie. Ihre Haare ragten kreuz und quer unter dem spitzen Hut hervor und sie schob hektisch ihre Brille wieder auf die Nase. »Euch habe ich gesucht. In der nächsten Pause kommt ihr bitte zu mir ins Büro.« Und schon eilte sie weiter, ohne sich noch mal nach den Kindern umzudrehen.

Verwundert sahen sich die Freunde an. Was wollte die Direktorin von ihnen?

Clarissa, Marlon und Elmar waren die Letzten, die ins Klassenzimmer kamen und auf ihre Plätze huschten.

Herr Siberius stand vorne an der Tafel und ließ seinen Blick über die Schüler schweifen. »Leg bitte die

Kekspackung weg, Clarissa«, mahnte er. »Ich glaube, ihr hattet in der Pause genug Zeit zum Essen.«

Clarissa ließ die Himbeeraugenkekse unter ihrem Pult verschwinden. Sie zuckte entschuldigend mit den Schultern, als sie Elmars sehnsüchtigen Blick sah.

Den Rest der Stunde verbrachten sie wieder mit Malen und dem Beobachten der Steinbeißer, die mit unstillbarem Appetit an der gegenüberliegenden Schlossmauer nagten, bis Herr Siberius das Gefühl hatte, es wäre an der Zeit für die nächste Pause. Die Freunde machten sich sofort auf den Weg zum Zimmer von Professorin Grimbaldi.

Die Tür zum Büro der Direktorin war einen Spalt breit geöffnet, aber Marlon klopfte trotzdem an. Als keine Antwort kam, klopfte er noch mal lauter. Immer noch nichts.

»Frau Professor?«, rief Clarissa leise. »Sind Sie da?«

Hinter der Tür war ein leises Schmatzen zu hören.

Elmar blickte seine Freunde fragend an und öffnete dann langsam die Tür. Erschrocken starrten die Kinder in zwei große Augen.

Kapitel IIII
Das blaustachelige Tier

Die großen Augen gehörten einem kleinen knallblauen Tier mit stacheligem Rücken und riesigem Maul und blickten genauso erschrocken zurück. Dann drehte sich das Wesen blitzartig um, quetschte sich unter den großen Schrank, der in der Zimmerecke stand, und war verschwunden.

»Was war das?«, wunderte sich Marlon, nachdem er sich vom ersten Schrecken erholt hatte. Fragend sah er seine Schwester an, die ja auf fast alles eine Antwort hatte.

Aber jetzt schüttelte sie den Kopf. »Keine Ahnung. So etwas habe ich noch nie gesehen.«

»Hier laufen im Moment eindeutig zu viele merkwürdige Tiere herum«, stellte Elmar fest. »Irgendetwas stimmt hier ganz und gar nicht.«

Clarissa grinste. »Die Zahlen sind verschwunden, unsere Schule wird gerade von Steinbeißern aufgefressen und jemand beschmiert die Wände mit rätselhaften Parolen. Wie kommst du nur darauf, dass hier etwas nicht stimmt?!«

Elmar zog eine Grimasse. »Sehr witzig.«

»Wenn ihr mit eurem Gezanke fertig seid, dann solltet ihr euch das hier mal angucken«, sagte Marlon, der schon im Zimmer der Direktorin stand.

Hier herrschte das totale Chaos! Alles war zerwühlt. Papiere und Bücher waren aus den Regalen gerissen und auf dem Boden verteilt, Schubladen standen offen und der Inhalt quoll heraus. Aber das Schlimmste war der beißende Gestank, der sich hier breitgemacht hatte.

»Bäh! Woher kommt das?«, fragte Marlon mit näselnder Stimme, weil er sich mit einer Hand die Nase zuhielt.

Schnell hatten die Kinder den Übeltäter identifiziert: Überall lagen kleine, stinkende Köttelhaufen herum.

Clarissa beugte sich trotz des unangenehmen Geruchs über einen Haufen, um ihn sich genauer anzusehen. »Ha!«, rief sie plötzlich. »Guckt euch das an!« Triumphierend zeigte sie auf ein kleines, spitzes Ding, das zwischen den Kötteln hervorlugte. Marlon und Elmar drängelten sich neben sie, um einen Blick darauf zu werfen.

»Das ist doch eine Eins, oder?«, fragte Elmar. »Wieso liegt denn eine Eins in dem stinkenden Haufen?«

Andächtig betrachten die Kinder die kleine Zahl.

»Die Frage ist doch, wer diesen Haufen hier hinterlassen hat«, stellte Marlon fest. Er nahm einen Stift vom Schreibtisch der Direktorin und stocherte damit in den müffelnden Köttelchen herum. Vielleicht waren dort noch mehr Zahlen versteckt? Aber als er die Eins mit dem Stift berührte, zerfiel sie zu Staub und mit ihr verschwand auch die Erinnerung an die Zahl aus den Köpfen der Kinder.

Clarissa richtete sich auf. »Das ist doch alles sehr merkwürdig«, murmelte sie.

»Wo bleibt denn nur Professorin Grimbaldi? Warum ist sie nicht in ihrem Büro?«, fragte Marlon. »Ob dieses knallblaue Stacheltier das Chaos hier angerichtet hat?«

In diesem Moment stieß die Direktorin die schwere Holztür auf und stürzte mit schnellen Schritten in ihr Büro. »Da seid ihr ja schon. Wunderbar. Ich muss dringend mit euch sprechen. Setzt euch.«

Sie wischte einmal mit dem Zauberstab durch die Luft und schon standen mehrere Stühle vor ihrem Schreibtisch. »Entschuldigt die Unordnung, ich weiß auch nicht, warum es hier so wüst aussieht.« Sie ließ sich auf ihren Sessel hinter dem Tisch plumpsen, stützte das Kinn in die Hände und betrachtete die Kinder über ihre Brille hinweg.

»Als wir vorhin ankamen, war hier so ein merkwürdiges knallblaues Tier mit Stacheln auf dem Rücken in Ihrem Büro, vielleicht hat das die Unordnung angerichtet?«, überlegte Marlon.

»Jaja, vielleicht. Hier gibt es eine Menge merkwürdige Tiere zur Zeit, die merkwürdige Dinge anrichten. Aber erst einmal will ich euch etwas zeigen.« Die Direktorin zog die oberste Schublade ihres Schreibtisches auf, nahm ein kleines Holzkästchen und ein blaues Blatt heraus und schob es zu den Kindern herüber. »Hier, diesen Brief habe ich heute gefunden. Lest ihn bitte mal.«

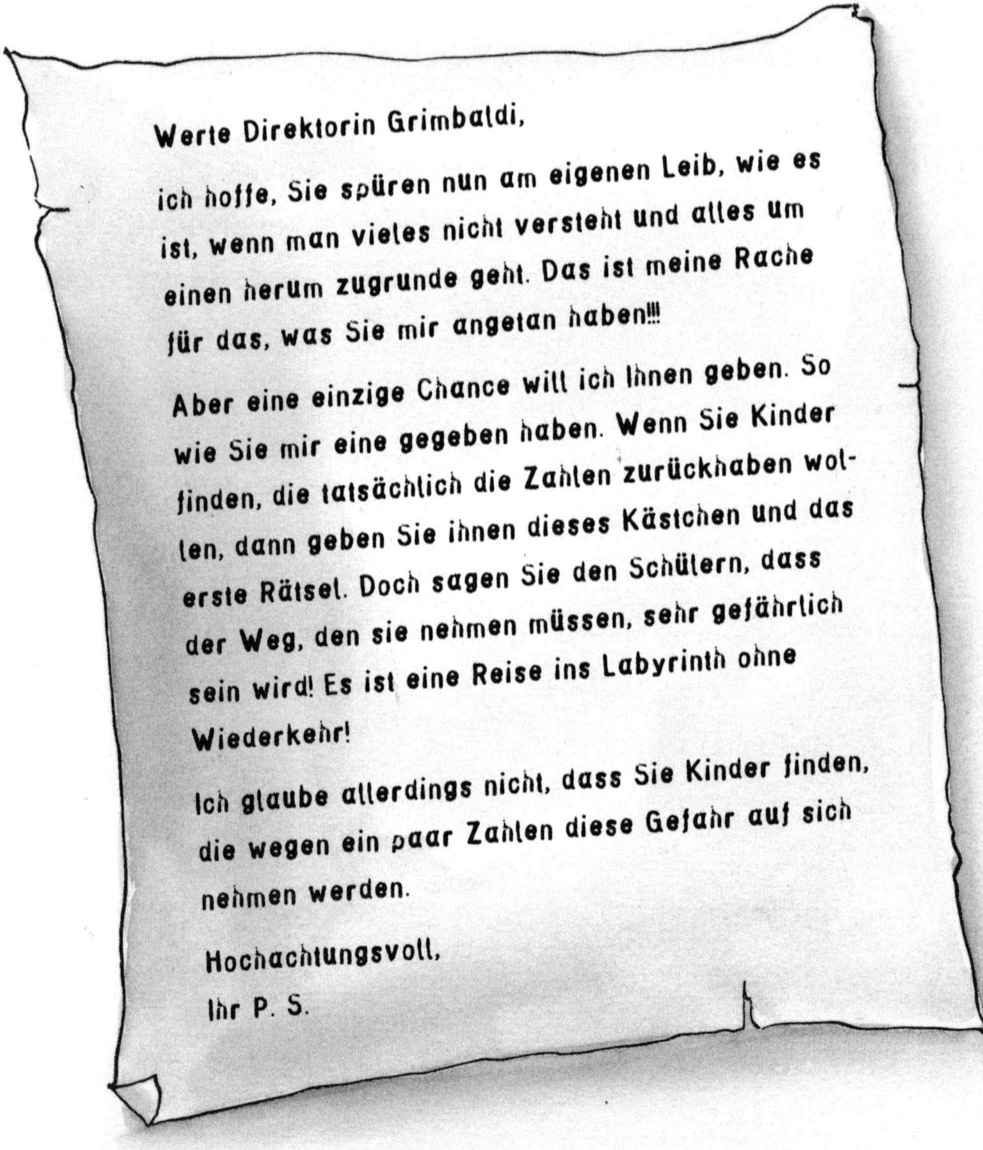

Werte Direktorin Grimbaldi,

ich hoffe, Sie spüren nun am eigenen Leib, wie es
ist, wenn man vieles nicht versteht und alles um
einen herum zugrunde geht. Das ist meine Rache
für das, was Sie mir angetan haben!!!

Aber eine einzige Chance will ich Ihnen geben. So
wie Sie mir eine gegeben haben. Wenn Sie Kinder
finden, die tatsächlich die Zahlen zurückhaben wol-
len, dann geben Sie ihnen dieses Kästchen und das
erste Rätsel. Doch sagen Sie den Schülern, dass
der Weg, den sie nehmen müssen, sehr gefährlich
sein wird! Es ist eine Reise ins Labyrinth ohne
Wiederkehr!

Ich glaube allerdings nicht, dass Sie Kinder finden,
die wegen ein paar Zahlen diese Gefahr auf sich
nehmen werden.

Hochachtungsvoll,

Ihr P. S.

Clarissa sah die Direktorin ratlos an. »Was ist denn das *Labyrinth ohne Wiederkehr*?«

»Vielleicht ist das Labyrinth unter dem Schloss gemeint. In den Felsen gibt es ein weitverzweigtes Höhlensystem«, vermutete Professorin Grimbaldi. Dann schob sie das Holzkästchen, auf dem ein weiterer blauer Zettel lag, zu den Kindern hinüber. »Das hier ist für euch. Ich bin sicher, ihr werdet die Aufgabe lösen«, sagte sie.

Clarissa griff nach dem Blatt und vertiefte sich mit Marlon und Elmar in das seltsame Rätsel.

»Das probieren wir aus«, sagte Marlon. »Clarissa, du hast doch noch die Goldmünzen.«

Clarissa holte die Münzen aus der Tasche und dann schoben die Kinder die Goldstücke so lange hin und her, bis sie den Trick heraushatten.

»Eigentlich ganz einfach«, lachte Marlon und rückte die Punkte mit dem Zauberstab auf ihre neue Position.

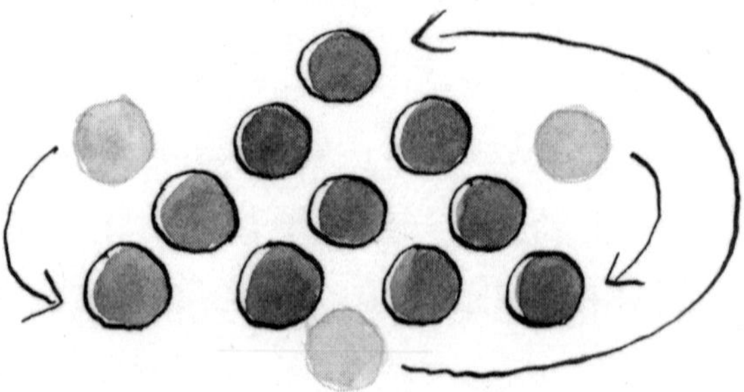

Dann aber verging ihm das Lachen, als er sah, wie der Brief vor ihnen in Flammen aufging und sich wieder erneuerte, diesmal mit einem anderen Text:

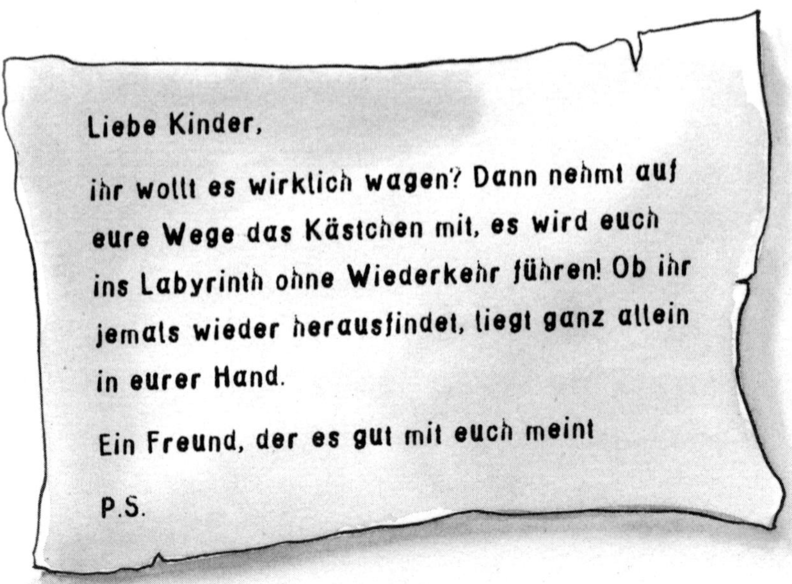

Liebe Kinder,

ihr wollt es wirklich wagen? Dann nehmt auf eure Wege das Kästchen mit, es wird euch ins Labyrinth ohne Wiederkehr führen! Ob ihr jemals wieder herausfindet, liegt ganz allein in eurer Hand.

Ein Freund, der es gut mit euch meint

P.S.

Marlon lief es kalt den Rücken herunter. »Wissen Sie, wer die Briefe geschrieben hat?«, fragte er. »Wer ist *P. S.*?«

Frau Grimbaldi schüttelte den Kopf. »Ich habe keine Ahnung. Meines Wissens habe ich nie jemandem etwas Schlimmes angetan.« Sie betrachtete einen Moment ihre Füße, die in großen Stiefeln steckten und richtete sich dann ruckartig auf. »Jedenfalls nichts *so* Schlimmes, dass jemand dafür unsere Schule vernichten wollte«, stellte sie energisch fest und haute mit der Faust auf den Tisch.

Die Kinder zuckten erschrocken zurück.

Marlon räusperte sich. »Was ..., was möchten Sie denn jetzt von uns?«

Frau Grimbaldi sah die Kinder forschend an. »Bei den Kindern, die die Zahlen zurückhaben wollen, habe ich natürlich sofort an euch gedacht. Schließlich hattet ihr ja mit dem Verstärkungszauber des magischen Mals* eine Menge Spaß. Und ohne Zahlen wäre das Lösen der magischen Rätsel gar nicht möglich gewesen.«

Die Kinder sahen sich unsicher an. Was meinte der geheimnisvolle Briefschreiber wohl mit *gefährlich*?

** siehe: Das magische Mal - Chaos in der Zauberschule*

Marlon kaute nachdenklich auf seiner Unterlippe. Unterricht ohne Rechnen war doch eigentlich gar nicht so schlecht. Wollte er sich denn wirklich in Gefahr begeben, nur um die Zahlen zurückzuholen?

Etwas polterte gegen die Tür und nachdem die Direktorin »Herein!« gerufen hatte, stolperte der Hausmeister mit einem großen Korb in den Armen ins Zimmer. Stöhnend setzte er ihn auf dem Boden ab und reckte sich.

»Bitte sehr, Frau Professor«, sagte er.

Die Direktorin starrte verwirrt auf den Korb, der mit Nüssen gefüllt war. »Ich hatte, soweit ich mich erinnern kann, keine Nüsse bestellt, Herr Sauberlot.«

Elmars Magen meldete sich wieder. Ob er vielleicht ein paar Nüsse abbekam?

»Das hier sind die Steinbeißer«, verkündete der Hausmeister stolz und zeigte auf den Korb.

Die Direktorin bekam leuchtende Augen. »Sie haben die Viecher in Nüsse verwandelt, Sauberlot? Wie haben Sie das gemacht? Das ist ja genial!« Ihre Stimme überschlug sich fast vor Begeisterung.

»Äh, nein«, wehrte der Hausmeister ab. »So war das nicht gemeint. Das ist nur die Anzahl der Steinbeißer. Jede Nuss ist ein Steinbeißer.«

Frau Grimbaldi rückte ihren Hut zurecht und versuchte, sich ihre Enttäuschung nicht anmerken zu lassen. »Das war eine sehr gute Idee, Herr Sauberlot«, sagte sie beherrscht. »Jetzt wissen wir wenigstens, dass es ziemlich viele Steinbeißer sind. Ich werde ...«

Weiter kam sie nicht. Ein lautes Heulen unterbrach Frau Grimbaldi. Clarissa sah sich erschrocken um. Hatte das Schlurpsjagdhorn etwa doch einen gemeinen Säbelzahnschlurps entdeckt? Bei den vielen seltsamen Tieren, die hier plötzlich herumschwirrten, würde sie das jetzt auch nicht mehr wundern. Doch dann wirbelte eine grelle Lichtsäule vor ihr auf.

Kapitel IIII
Doktor Siebelschreck

Wenig später schwebte dort, wo eben noch die Lichtsäule gewesen war, das Bild von Frau Doktor Siebelschreck im Raum, einer dicken Frau, mit einem riesigen roten Haarturm auf dem Kopf. Clarissa entspannte sich wieder, das Heulen war also nur der Klingelton von Frau Grimbaldis Bildtelefon gewesen. Doktor Siebelschreck war immer noch besser, als ein Säbelzahnschlurps – jedenfalls ein ganz kleines bisschen. An Frau Siebelschreck von der Zauberschulaufsichtsbehörde hatten die Kinder keine besonders guten Erinnerungen. Als sie vor einiger Zeit den Verstärkungszauber vom magischen Mal freigesetzt hatten, hätte Doktor Siebelschreck Schloss Simbalablitz beinahe schließen lassen.

»Professor Grimbaldi«, begrüßte Doktor Siebelschreck die Direktorin mit einem knappen Kopfnicken, wobei sie nicht allzu viel wackeln durfte, damit ihr kunstvoller Haarturm nicht zur Seite kippte.

»Oh, hallo, Frau Doktor Siebelschreck«, antwortete diese betont freundlich.

»Mir ist zu Ohren gekommen, dass es einen höchst merkwürdigen Befall von Steinbeißern an Ihrer Schule gibt«, sagte die dicke Dame streng. »Möchten Sie mir dazu etwas sagen?«

»Natürlich, ich hätte Sie auch gleich angerufen, aber erst mal musste ich ja wissen, mit wie vielen Exemplaren wir es zu tun haben«, beeilte sich Frau Grimbaldi zu erklären.

»Und?«, schnappte Frau Siebelschreck.

»Ja ..., also ....«, druckste die Direktorin herum. »Ziemlich viele, würde ich sagen.«

»Geht es auch etwas genauer?«, fragte die Frau Doktor ungeduldig.

Elmar zeigte auf den Hausmeister, der stumm an der Tür stand und so aussah, als ob er am liebsten schnell durch diese verschwunden wäre. »Herr Sauberlot hat sie gezählt. Es ist ein ganzer Korb voll!«

»Frau Professor Grimbaldi, was redet der Junge da für wirres Zeug. Bitte geben Sie mir die genaue Anzahl der Tiere durch, damit ich jemanden zur Beseitigung schicken kann.«

»Ja, Frau Doktor, das ist so ... Elmar hat recht. Es sind so viele Steinbeißer, wie Nüsse in dem Korb liegen. Weil ...«, Frau Grimbaldi straffte sich und holte tief Luft, »weil es nämlich zur Zeit in unserer Schule keine Zahlen gibt und da mussten wir uns eben anders behelfen.«

»Wieso gibt es keine Zahlen? Was ist das wieder für ein Unsinn?!«, kreischte Frau Doktor Siebelschreck. »Eine Schule ohne Zahlen! Ich bitte Sie!«

»Nicht für immer, das ist nur für kurze Zeit, weil ..., weil ...«

»Weil wir Schüler ein Experiment machen«, vollendete Clarissa den Satz der Direktorin.

»Genau!« Marlon trat einen Schritt nach vorne neben seine Schwester. »Wir wollen feststellen, wo die

Zahlen uns überall fehlen, wenn es keine mehr gibt.«

»So ein haarsträubender Unsinn! Frau Grimbaldi, das wird Folgen haben, ich werde einen Unfähigkeitsantrag gegen Sie stellen«, fauchte Frau Siebelschreck. »So ist ja kein normaler Unterricht möglich!«

»Das ist wirklich nur kurzfristig«, versuchte die Direktorin die dicke Lichtgestalt zu beruhigen.

Doch Frau Doktor Siebelschreck blickte sie kühl an. »Wir werden sehen«, sagte sie schnippisch. »Also, Frau Grimbaldi, morgen kommt jemand von der Behörde vorbei. Bis dahin können Sie entweder die genaue Anzahl nennen oder Sie haben die Steinbeißer anderweitig beseitigt. Ansonsten glaube ich kaum, dass Sie weiterhin Direktorin dieser Schule bleiben können. Guten Tag!« Mit einem glühenden Zischen verschwand das Bild von Frau Doktor Siebelschreck und an ihrer Stelle waberten nur noch ein paar kleine Wölkchen durch den Raum.

»Puh!«, stöhnte Marlon. »Das ist vielleicht eine Schreckschraube. Würde die Sie denn wirklich rauswerfen?«

Die Direktorin nickte grimmig. »Ja, lieber heute als morgen, soviel steht fest. Frau Doktor Siebelschreck wollte damals auch Direktorin an dieser Schule werden, aber dann habe ich den Posten bekommen. Das hat sie mir nie verziehen.«

»Hm-hm«, räusperte sich der Hausmeister. »Frau Direktorin, was soll ich denn jetzt mit den Nüssen machen?«

Nachdenklich betrachtete Frau Grimbaldi den Korb. »Wir wissen jetzt zwar, dass es viele sind, aber nicht *wie viele* – das nützt uns wenig.«

»Wir könnten den Korb an die Zauberschulaufsichtsbehörde schicken«, schlug der Hausmeister vor. »Dann können sie die Nüsse selber zählen.«

»Das dauert zu lange«, meinte die Direktorin und stand auf. »Morgen früh wird Frau Doktor Siebelschreck mit der halben Belegschaft der Schulaufsichtsbehörde hier einfallen und bis dahin müssen die Steinbeißer weg und die Zahlen wieder da sein! Kommen Sie, Herr Sauberlot, um die Beißerchen werden wir uns jetzt eigenhändig kümmern.« Sie krempelte sich entschlossen die Ärmel hoch und stapfte mit dem Hausmeister im Schlepptau zur Tür. Aber bevor sie verschwand, drehte sie sich noch einmal um. »Und ihr holt die Zahlen zurück?«, fragte sie. »Kann ich mich auf euch verlassen?«

»Natürlich!«, rief Clarissa. »Wir machen das schon, Frau Professor.«

Dann waren sie allein im Büro. Marlon und Elmar guckten Clarissa entgeistert an.

»Was heißt denn hier, *wir machen das schon*?«, fragte Marlon wütend. »Das ist gefährlich, hast du doch selbst gehört!«

Elmar nickte zustimmend. »*Labyrinth ohne Wiederkehr*, sag ich nur.«

»Jungs, hier geht es um Schloss Simbalablitz – um unsere Schule! Sollen wir die verlieren, nur weil so ein Irrer meint, wir wären ohne Zahlen besser dran? Und wollt ihr etwa die Siebelschreck als Direktorin haben?« Clarissa sah von einem zum anderen. »He, wir kriegen das schon hin. Denkt doch mal an die Rätsel vom magischen Mal, die haben wir doch auch alle geknackt. Frau Grimbaldi hat uns doch nicht umsonst gefragt ...«

»Ist ja schon gut«, unterbrach Marlon seine Schwester und grinste. »Doktor Siebelschreck als Direktorin, das wäre ja echt grauenhaft. Wir machen natürlich mit, ist doch klar!«

»Mir wäre wohler, wenn wir wüssten, mit wem oder was wir es hier zu tun haben«, sagte Elmar. »Ich glaube, Frau Grimbaldi verheimlicht uns etwas. Als wir sie in der Eingangshalle getroffen hatten, meinte sie doch, sie hätte eine Idee, wer uns das eingebrockt hat.«

»Du hast recht«, stimmte Marlon ihm zu. »Und dann ist sie in Richtung Bibliothek verschwunden.«

»Dann gehen wir jetzt auch dorthin«, bestimmte Clarissa. Schnell packte sie das geheimnisvolle Kästchen und den Brief in ihren Rucksack und schon flitzten die Kinder wieder durch die Schlossgänge.

Wenig später betraten sie eine riesige Halle. Zwischen dicken Steinsäulen standen lange, hohe Regalreihen, in denen unzählige Bücher untergebracht waren. Dazwischen gab es kleine Holztische, an denen vereinzelt Schüler saßen und lasen. Wo sollten sie nur anfangen zu suchen? Was hatte die Direktorin hier nur gemacht?

»Ich frage einfach mal.« Clarissa zwinkerte den Jungs zu und ging zu der Ausleihtheke, hinter der ein ziemlich verzweifelter Professor Dunstkern stand. Seinen langen Bart hatte er in mehrere Stränge geteilt, die merkwürdig verknotet waren.

»Du kannst zur Zeit leider nichts ausleihen«, begrüßte er Clarissa. »Alles ist durcheinander – meine ganzen Kataloge! Es gibt keine Nummern mehr! Nicht an den Regalen, nicht in den Büchern! Wer soll da noch etwas finden!« Er raufte sich seinen grauen Haarschopf.

»Ich möchte auch gar nichts ausleihen«, beschwichtigte Clarissa ihn. »Professorin Grimbaldi war heute Vormittag hier und hat etwas nachgeschaut und da hat sie ihre ... ihr Brillenetui vergessen«, vollendete sie schnell ihren Satz.

»Genau«, meinte Marlon. »Sie hat uns gebeten es zu holen und dafür müssten wir wissen, wo sie ein Buch aus dem Regal genommen hat.«

»Ach so.« Professor Dunstkern war erleichtert. »Ihr geht einfach geradeaus und dann bei der Abteilung Hexenmode links, bis ihr zum Regal Zauberstabkunde kommt. Da biegt ihr rechts ab, geht ein Stück den Gang runter, und genau da war auch die Direktorin, bei den Büchern über magische Tiere.«

»Danke«, rief Elmar und lief den anderen beiden hinterher, die schon zwischen den Regalen verschwunden waren. Keuchend kamen sie in den Bereich mit den magischen Tierbüchern.

»Seid mal leise«, zischte Marlon. »Hört ihr das?«

»Ich kann nicht leise schnaufen«, maulte Elmar.

Aus den Büchern um sie herum war ein leises Gesäusel und Gezische, Gebrumme und Gefauche zu hören.

»Ist ja unheimlich.« Clarissa schluckte. »Am besten schlagen wir von den Büchern gar keins auf.«

»Und was wollte Frau Grimbaldi hier?«, fragte Marlon und sah sich suchend um.

»Vielleicht haben wir es schon gefunden.« Elmar

zeigte auf das kleine Stehpult rechts, auf dem ein ziemlich dickes, in Leder gebundenes Buch aufgeschlagen lag. Vorsichtig traten die Kinder näher heran.

»Das ist es!«, rief Marlon und hielt sich schnell den Mund zu, als aus den Büchern empörte Stimmen zu ihnen drangen. »Ruhe!« – »Hier wird nicht gebrüllt.« – »Unverschämtheit!«

»Das ist es«, flüsterte Marlon noch einmal. »Das kleine blaue Tier mit den Stacheln, das vorhin in ihrem Büro war.«

»So sind also die Zahlen verschwunden!«, stellte Clarissa fest. »Von wegen ausgestorben! Das magische Minus ist durchs Schloss gelaufen und hat überall die Zahlen gemopst.«

»Und dabei hat es ziemlich stinkige Häufchen hinterlassen«, erinnerte Elmar sie.

»Aber woher kommt das Tier auf einmal?«, fragte Marlon. »Außerdem glaube ich kaum, dass so ein Minus etwas an die Wände schreiben kann.«

»Das kann ich mir auch nicht vorstellen.« Elmar schüttelte nachdenklich den Kopf. »Warum hat die Direktorin uns nichts von dem Minus erzählt?«

Clarissa stemmte empört die Hände in die Seiten. »Das kann eigentlich nur bedeuten, dass sie irgendetwas damit zu tun hat!«

»Das sehe ich auch so! In dem Brief stand doch etwas von Rache, weil die Direktorin dem Briefschreiber irgendetwas getan hat«, meinte Marlon.

Plötzlich wurde Elmar ganz aufgeregt. »Clarissa, gib mir mal einen Bleistift. Hier auf der Seite hat sich etwas durchgedrückt, bestimmt hat Frau Grimbaldi sich Notizen gemacht.« Er malte leicht mit dem Bleistift über das Papier, um die Linien sichtbar zu machen.

»Oh nein«, stöhnte Marlon. »Jetzt spricht unsere Direktorin auch schon in Rätseln. Ob das ansteckend ist?«

Clarissa beugte sich über den Zettel. »Also, auf *den* wäre ich nie gekommen!«, stellte sie fest.

Kapitel IIII I
Ein Verdacht

»Wer ist es? Nun sag schon!« Marlon hüpfte ungeduldig von einem Bein aufs andere.

»Sau – ber – lot! Unser Hausmeister!«, rief Clarissa. »Den hat die Direktorin also im Verdacht.«

Sofort zischelten die Bücher wieder von allen Seiten: »Ruhe!« – »Jetzt reicht's aber!« – »Pssssst!« – »Unerhört!«

»Ja, ja, ist ja schon gut«, zischelte Clarissa zurück.

»Er hatte doch heute Morgen den ganzen Arm voller Himbeeraugenkekse, erinnert ihr euch? Und das ist das Lieblingsessen vom magischen Minus!«, stellte Elmar fest. Beim Gedanken an die leckeren Kekse, die unter Clarissas Pult lagen, fing sein Magen laut an zu knurren.

Clarissa nahm den Brief aus ihrer Tasche und faltete ihn auseinander. »Der Brief ist unterschrieben mit *P. S.*, also der Nachname passt schon mal. *S* steht für

Sauberlot. Wisst ihr, wie unser Hausmeister mit Vornamen heißt?«

Die Jungs schüttelten die Köpfe.

»Er muss es sein! Dann hat er auch selber die Wände in der Eingangshalle beschmiert«, sagte Marlon empört.

»Aber er hatte keinen Pinsel dabei und da stand auch keine Farbe«, wandte Clarissa ein.

Marlon zuckte mit den Schultern. »Hat er vielleicht versteckt?«

»Und Professorin Grimbaldi hat ihn da ja auch so komisch angesehen. Aber warum hat sie ihn nicht gleich zur Rede gestellt?«, fragte Clarissa.

Darauf wussten die Jungs auch keine Antwort.

»Vielleicht hat sie ein schlechtes Gewissen?«, versuchte es Marlon. »Sie muss ja irgendetwas gemacht haben, was Sauberlot so verärgert hat. Was kann das nur sein?«

Clarissa zuckte mit den Schultern. »Keine Ahnung. Was machen wir denn jetzt?«

»Wenn wir Sauberlot überführen, können wir uns den gefährlichen Weg durch das *Labyrinth ohne Wiederkehr* sparen!«, sagte Elmar erleichtert.

Marlon nickte. »Wir durchsuchen das Hausmeisterbüro! Vielleicht finden wir etwas, das seine Schuld eindeutig beweist. Wir haben doch jetzt freie Bahn, solange der Hausmeister mit der Direktorin auf Steinbeißerfang ist.«

»Also los!« Clarissa klappte das magische Tierbuch zu und stopfte es in ihren Rucksack. Es konnte sich ja noch als nützlich erweisen. Dann liefen die Freunde

wieder durch die langen Schlossgänge zurück. Es war nicht viel los, die meisten Schüler waren wieder in ihren Klassen. Auf halbem Weg kam ihnen der schrille Schlurpshornton entgegen und sie konnten sich gerade noch in eine Besenkammer drücken, um dem durchdringenden Pfeifen zu entgehen. Wenig später standen sie unten in der Eingangshalle, von der man zum Hausmeisterbüro gelangte.

»Hier ist es«, flüsterte Marlon. Neben dem Türrahmen war ein kleines silbernes Schild angebracht, auf dem *P. Sauberlot – Hausmeister* stand.

»Wir hatten also recht. *P. S.*, das ist Sauberlot!«

Clarissa legte ihr Ohr an die Holztür und lauschte. Absolute Stille – nichts zu hören! Marlon rüttelte an der Klinke, aber die Tür war verschlossen. Zum Glück kannte Clarissa einen Türöffner-Zauberspruch ohne Zahlen und schon klickte es im Schloss. Triumphierend drückte sie die Tür auf und schlüpfte als Erste in das dunkle Hausmeisterbüro. Die beiden Jungs folgten ihr.

»Pim-pan, Licht geh an«, flüsterte Marlon und schon begann sein Zauberstab zu leuchten und erhellte den kleinen Raum.

»Ganz schön unordentlich hier«, stellte Elmar überrascht fest. »Das hätte ich von unserem sonst so ordentlichen Herrn Sauberlot gar nicht gedacht.«

Tatsächlich herrschte im Büro das reinste Chaos. An einer Wand gab es eine lange Regalreihe, wo Kisten, Decken, Werkzeug, Schläuche und alles Mögliche hineingestopft waren. Gegenüber stand ein alter Holzschrank und auf einem kleinen Tisch in der Mitte des Raums lagerten stapelweise Papiere, Bücher und benutzte Tassen. Der Boden war übersäht mit Zeitungsresten, einzelnen Schuhen und Kartons.

Elmar bückte sich nach einem blauen Blatt, das zwischen dem ganzen Kram auf dem Boden lag. »Guckt mal, das sieht doch genauso aus, wie der Brief, den die Direktorin uns gegeben hat. Hier ist auch ein Rätsel drauf.«

»Wir sind auf jeden Fall auf der richtigen Spur«, stellte Marlon fest und besah sich den Zettel genauer. »Ob dahinter auch wieder eine Botschaft versteckt ist?«

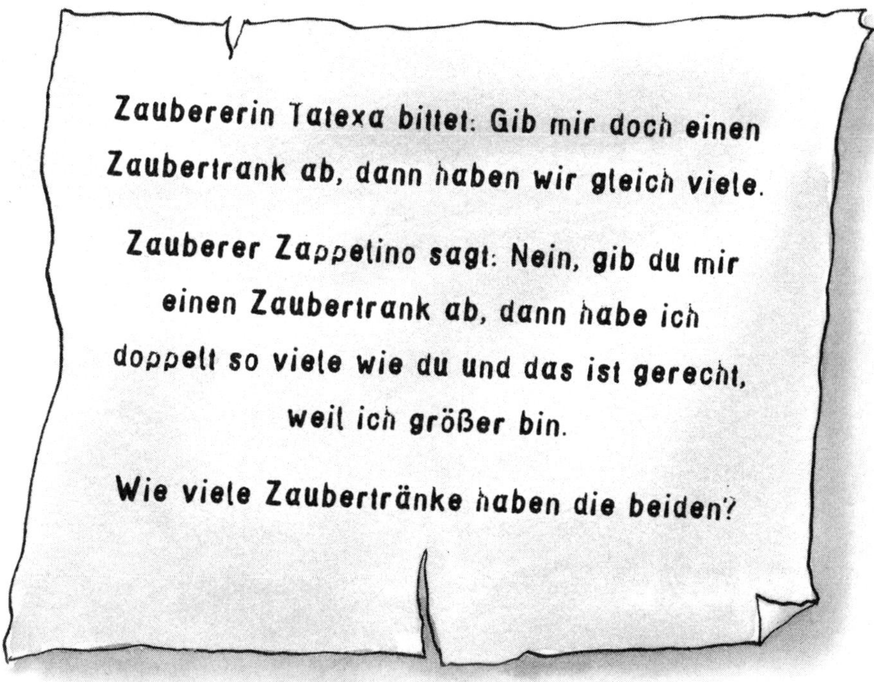

Zaubererin Tatexa bittet: Gib mir doch einen Zaubertrank ab, dann haben wir gleich viele.

Zauberer Zappelino sagt: Nein, gib du mir einen Zaubertrank ab, dann habe ich doppelt so viele wie du und das ist gerecht, weil ich größer bin.

Wie viele Zaubertränke haben die beiden?

Clarissa hatte sich schon in das Rätsel vertieft und schob ein paar Stifte hin und her. Dann grinste sie zufrieden. »Seht ihr, das ist gar nicht so schwer.«

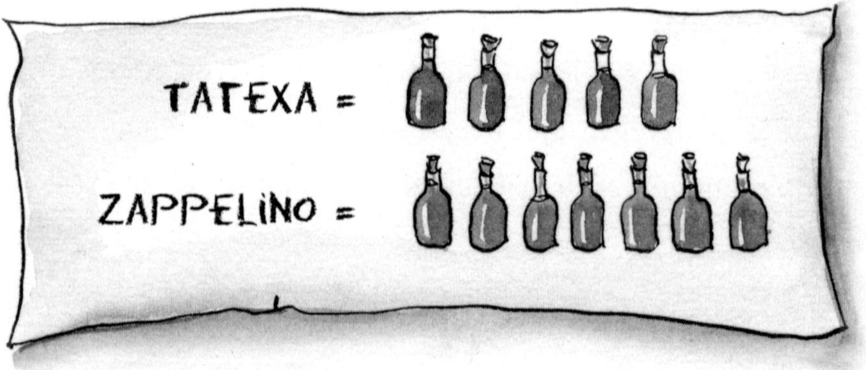

Aber als sie die Lösung mit ihrem Zauberstab auf das Blatt malte, brannte es einfach ab und fiel als Häufchen Asche auf den Boden.

»Das war wohl nichts«, stöhnte Marlon. »Und wie sollen wir hier jetzt etwas Brauchbares finden?

»Ich fange mal mit dem Tisch an«, meinte Clarissa.

Elmar machte sich seufzend daran, das Regal zu untersuchen und Marlon öffnete vorsichtig die Tür des altersschwachen Schranks. Eine ganze Weile war nur das leise Rascheln von Papieren, ein Hin- und Herrücken und das Knistern aus dem Regal zu hören.

Plötzlich hielt Clarissa inne. Was war das denn? Sie zog ein dickes Buch unter einem Papierstapel hervor. Aus den Blättern ragte ein grünes Drachenlesezeichen. Clarissa betrachtete den alten ledernen Einband. Es schien eine Schulchronik zu sein, nur leider konnte sie nicht erkennen aus welchem Jahr – Zahlen gab es natürlich auch in diesem Buch nicht. Als sie die Stelle aufschlug, an der das Lesezeichen steckte, blickte ihr ein ziemlich bekanntes Gesicht entgegen. Auch wenn es natürlich viel jünger aussah als heute, diese Nase war einfach unverkennbar! Das war also die Schulabschluss-Chronik ihres Hausmeisters! Sie vertiefte sich in den Text.

»Ich glaube, ich weiß jetzt, warum unser Hausmeister sich an der Direktorin rächen will«, rief sie zu den Jungs hinüber, nachdem sie die ersten Zeilen gelesen hatte. »Hört mal zu: *Pimpanello Sauberlot hat als Einziger seines Jahrgangs den Abschluss an der Zauberschule Simbalablitz nicht geschafft, in Zahlenkunst und Zauberspruchkunde fiel er knapp durch die Prüfung. Auch die Nachholprüfung hat er nicht bestanden. Direktorin Professor Grimbaldi bedauerte, dass sie ihm keinen Zauberabschluss verleihen konnte, da er ...* Achtung jetzt kommt's«, machte Clarissa die Sache etwas spannender, »... *da er im Bereich magische Tierkunde ein ganz außerordentliches Talent hätte.*«

»Das ist er!«, raunte Marlon. »Der Sauberlot hat ein Händchen für magische Tiere, also hat er aus Rache das magische Minus und die Steinbeißer losgeschickt. Es passt alles! Das ist doch der Beweis, den wir suchen.«

»Ich habe noch einen besseren!« Elmar hing kopfüber in dem Regal und hangelte nach einer Dose, die versteckt hinter Kartons in der Ecke stand. Triumphierend zog er die rote Farbdose mitsamt benutztem Pinsel hervor und stellte sie schwungvoll auf den Tisch.

»Damit hat er die Sprüche an die Wand in der Eingangshalle geschrieben«, flüsterte Clarissa. »Jetzt haben wir ihn!«

»Seid mal still!«, zischte Elmar plötzlich. Sofort saßen die Kinder stocksteif da und horchten. Schritte! Und dann das Rasseln eines Schlüsselbundes vor der Tür. Sauberlot kam zurück! Hektisch sahen die Kinder sich um. Wo sollten sie sich nur verstecken? Der kleine Raum bot nicht viele Möglichkeiten. Da entdeckte Marlon die alten Zauberumhänge von Herrn Sauberlot, die neben der Tür an einem Haken hingen. Er zerrte Clarissa und Elmar hoch, die immer noch wie erstarrt waren, und schob sie an die Wand hinter die Umhänge. Dann schlüpfte er selbst unter einen langen dunkelblauen Umhang. Er hoffte nur, dass Herr Sauberlot die Schuhspitzen nicht bemerken würde, die unten hervorlugten.

In diesem Moment knirschte der Schüssel im Schloss und die alte Holztür öffnete sich knarrend. Jemand betrat den kleinen Raum und schloss die Tür hinter sich. Dann waren Schritte zu hören. Geraschel. »Das gibt's ja nicht! Was ist denn hier los?!«, polterte die Stimme ihres Hausmeisters.

Den Kindern schlug das Herz bis zum Hals. Hatte er sie etwa entdeckt? Marlon hielt die Luft an. Er wartete darauf, dass jeden Moment der Umhang zur Seite gerissen und er in das wütende Gesicht von Herrn Sauberlot blicken würde. Aber nichts dergleichen passierte.

Dann hielt Marlon es nicht mehr aus. Vorsichtig schob er den Umhang ein klitzekleines Stückchen zur Seite, bis er durch einen Spalt hinauslugen konnte.

Puh, Glück gehabt! Der Hausmeister stand mit dem Rücken zu ihnen am Tisch. Unruhig trommelte er mit den Fingern auf der Dose mit der roten Farbe herum und betrachtete die aufgeschlagene Schulchronik.

»Jetzt reicht's!«, murmelte er. »Jetzt mache ich der Sache ein Ende!« Er schnappte sich seinen Zauberstab und drehte sich um. Marlon konnte gerade noch den Umhang zuziehen. Mit klopfendem Herzen stand er im Dunkeln und hörte schnelle Schritte auf sich zukommen. Dann wurde der Umhang vor ihm weggerissen und Marlon blinzelte erschrocken in die plötzliche Helligkeit. Jetzt waren sie geliefert! Doch wie durch ein Wunder hatte Herr Sauberlot ihn gar nicht gesehen. Er hatte im Vorbeigehen nach dem Umhang gegriffen und ging jetzt auf den Holzschrank zu.

Bitte nicht umdrehen, nicht umdrehen! Marlon konnte nichts anderes denken, während er den Hausmeister beobachtete, wie dieser mit dem Zauberstab durch die Luft wischte und etwas murmelte. Die Schranktüren sprangen auf und ... Marlon riss ungläubig die Augen auf. Der ganze Krempel, der eben noch darin gelegen hatte, war verschwunden! Stattdessen gähnte dort, wo eigentlich die Schrankrückwand hätte sein müssen, ein dunkler Schlund. Und in die Dunkelheit hinein führte eine schmale Treppe, die Herr Sauberlot jetzt ohne Zögern hinuntereilte. Als der letzte Zipfel seines Umhangs in der Tiefe verschwunden war, riss Marlon die Umhänge vor Clarissa und Elmar weg. Erschrocken schrien die beiden auf.

»Spinnst du?!« Clarissa knuffte ihren Bruder in den Bauch. »Ich dachte, du bist Herr Sauberlot und jetzt ist alles aus!«

Auch Elmar schlotterten die Knie.

»Jetzt guckt doch mal«, raunte Marlon und zeigte auf den Schrank. Doch dann stockte ihm selbst der Atem.

Kapitel IIII II
Flitsch, flatsch, plipp, plopp, motz

»Was meinst du?«, fragte Clarissa verwirrt. »Was ist denn mit dem Schrank?«

»Wieso steht der offen?«, wunderte sich Elmar.

Marlon rannte zum Schrank, wühlte sich durch den Krempel, der jetzt wieder darin lag und klopfte aufgeregt an der Rückwand herum. Sie war aus massivem Holz!

Clarissa und Elmar sahen ihn etwas mitleidig an, während er in dem Gerümpel herumkramte.

»Wahrscheinlich der Schock«, meinte Elmar.

»Von wegen Schock«, fauchte Marlon. »Der Sauberlot ist genau hier in diesem Schrank verschwunden!« Und dann erzählte er den beiden, was er gerade beobachtet hatte. Die Augen seiner Freunde wurden immer größer.

»Wohin will Sauberlot nur?« Marlon starrte auf den Schrank. »Die Treppe führt doch bestimmt runter ins Labyrinth!«

»Und welcher Sache will er jetzt ein Ende machen?«, fragte Elmar zögernd.

»Das heißt bestimmt nichts Gutes!«, sagte Clarissa. »Wir müssen ihn stoppen, sonst ist von unserer Schule bald nichts mehr übrig. Und falls Herr Sauberlot nicht alles in Schutt und Asche legt, erledigt Frau Siebelschreck morgen den Rest.«

Marlon stöhnte. Die alte Schreckschraube hatte er völlig vergessen.

»Also müssen wir hinterher«, stellte Elmar wenig begeistert fest.

Aber so sehr die Kinder den Schrank auch auf den Kopf stellten, sie fanden keine Möglichkeit, den geheimen Gang zu öffnen. Frustriert gaben sie schließlich auf.

»Und was jetzt?«, fragte Marlon.

»Wir haben doch noch eine andere Möglichkeit, in das Labyrinth zu kommen«, erinnerte Clarissa ihre Freunde.

»Ein gefährlicher Weg«, flüsterte Elmar.

Clarissa nickte entschlossen und holte den kleinen Holzkasten aus ihrem Rucksack, den die Direktorin ihnen gegeben hatte. Aufmerksam betrachteten die Kinder die Schnitzereien auf dem Deckel.

»Zeig doch noch mal den Brief, den Sauberlot der Direktorin geschrieben hat«, bat Marlon. Er nahm seiner Schwester das Papier aus der Hand. »Hier steht: *Es wird ihnen den Weg zeigen.* Aber wie?«

Clarissa dachte angestrengt nach. »Ich glaube, es geht um die Symbole«, sagte sie schließlich. »Die sind nicht zufällig so angeordnet, die bilden ein ganz bestimmtes Muster und wenn wir das erkennen, müssen wir es einfach fortführen.«

»Schlau, Clarissa«, sagte Elmar. »Kannst du denn eine Reihenfolge erkennen? Ich nicht.«

Marlon schüttelte den Kopf. »Ich glaube, das sind gar keine Symbole, sondern Zahlen.«

Clarissa und Elmar betrachteten Marlon mit offenem Mund, denn der war ja sonst eher kein Rechen- und Rätselfreund.

»Also, da es ja unsere Zahlen nicht mehr gibt, hat Sauberlot vielleicht andere genommen«, erklärte er weiter. »He, was ist, warum guckt ihr mich so an?«

»Genial«, hauchte Elmar. »Clarissa, dein Bruder ist genial.«

Clarissa nickte bedächtig. »Das wusste ich noch gar nicht. Mensch Marlon, du bist ja der Wahnsinn!«

»Veräppeln kann ich mich alleine«, knurrte Marlon, aber dann musste er lachen. »Ich find mich auch ganz schön schlau.«

»Wenn die Symbole wirklich Zahlen sind, dann müssen vielleicht die Werte in jeder Reihe, Spalte und Diagonale zusammengerechnet die gleichen sein«, meinte Clarissa. »Wie bei einem Zauberquadrat.« Sie stellte das Kästchen auf den Boden und die Kinder knieten sich davor. Doch jetzt wurde es erst richtig kompliziert, denn wie sollten sie die Symbol-Zahlen zusammenrechnen? Schließlich kam Clarissa auf die Idee, für jedes Symbol auf einem Zettel so viele Striche in der Höhe des Wertes zu notieren, den sie dahinter vermuteten. Und plötzlich war ihr das System klar: Die Anzahl der Striche eines Symbols ergab seinen Wert.

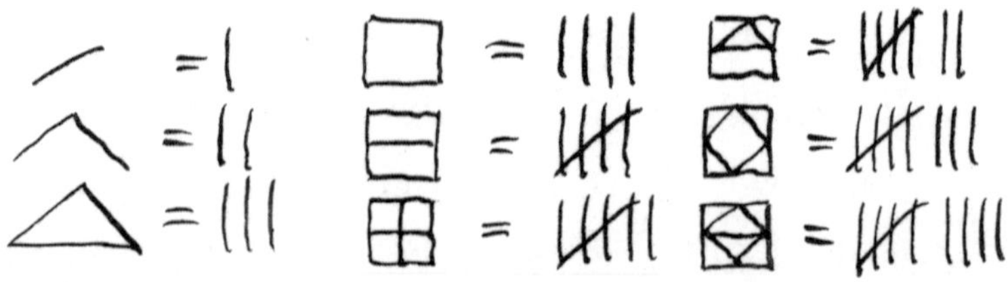

»Wir könnten den Symbolen doch Namen geben«, schlug Marlon vor. »Dann ist es nicht so langweilig.«

Elmar stimmte begeistert zu. »Die ersten sind flitsch, flatsch und plipp«, schlug er vor.

»Und dann plopp, motz, ping, pang, ding, dong«, kicherte Marlon.

Clarissa verdrehte die Augen. Während die Jungs sich noch mehr alberne Namen ausdachten, reihte sie die Striche der Symbole in einer Reihe hintereinander und knobelte so lange, bis die Striche für jede Reihe, Spalte und Diagonale die gleiche Menge ergaben. Irgendwann machte Clarissa den letzten Strich und betrachtete das Ergebnis. »Perfekt! So geht es tatsächlich.«

»Super!« Marlon stand auf, streckte sich und hüpfte dann auf einem Bein durch das Hausmeisterbüro. »Mist, mir ist der Fuß eingeschlafen«, stöhnte er.

Elmar ließ sich einfach nach hinten auf den Boden fallen und blieb erschöpft liegen. »Wenn es noch mehr von diesen Rätseln gibt, dann haben wir die Zahlen wahrscheinlich in einem Jahr noch nicht wiedergefunden«, murmelte er.

Auch Clarissa stand auf und lief hin und her, um sich die Beine zu vertreten. Plötzlich blieb sie stehen. »Sollen wir dann mal?«, fragte sie die Jungs auffordernd.

Marlon und Elmar war sofort klar, was sie meinte. Beide nickten ernst. Marlon schob mit dem Zauberstab die fehlenden Symbole in das Gitter. Angespannt sahen Clarissa und Elmar ihm zu, wie er ein letztes Dreieck auf den Deckel zeichnete. Mit angehaltenem Atem warteten sie darauf, was nun passieren würde. Und es passierte ... nichts.

Absolut nichts. Das Kästchen stand friedlich vor ihnen auf dem Boden.

»Vielleicht sollten wir den Deckel öffnen?«, schlug Elmar vor.

Clarissa nickte und hob vorsichtig die Holzklappe nach oben. Entsetzt wichen die Kinder zurück. Die kleine Holzkiste wackelte und ruckelte auf dem Boden hin und her und ein dumpfes Grollen kam aus ihrem Inneren. Plötzlich ploppte ein weiterer Deckel hoch und dann noch einer und noch einer! In Sekundenschnelle faltete sich das Kästchen mit einem ohrenbetäubenden Dröhnen auseinander und wurde dabei immer größer. PLOPP, KLAPP, PLOPP! PLOPP, KLAPP, PLOPP! Die Kinder drängten sich aneinander und starrten auf das sich aufblähende schwarze Gebilde. Mit einem letzten leisen PLÖPP! war es fertig und vor ihnen erhob sich ein riesiger Holzrahmen, der fast bis zur Decke reichte. Mittendrin führte eine schmale Steintreppe in ein schwarzes Nichts. Oben am Holzrahmen baumelte quietschend ein Schild mit der Aufschrift *Das Labyrinth ohne Wiederkehr.*

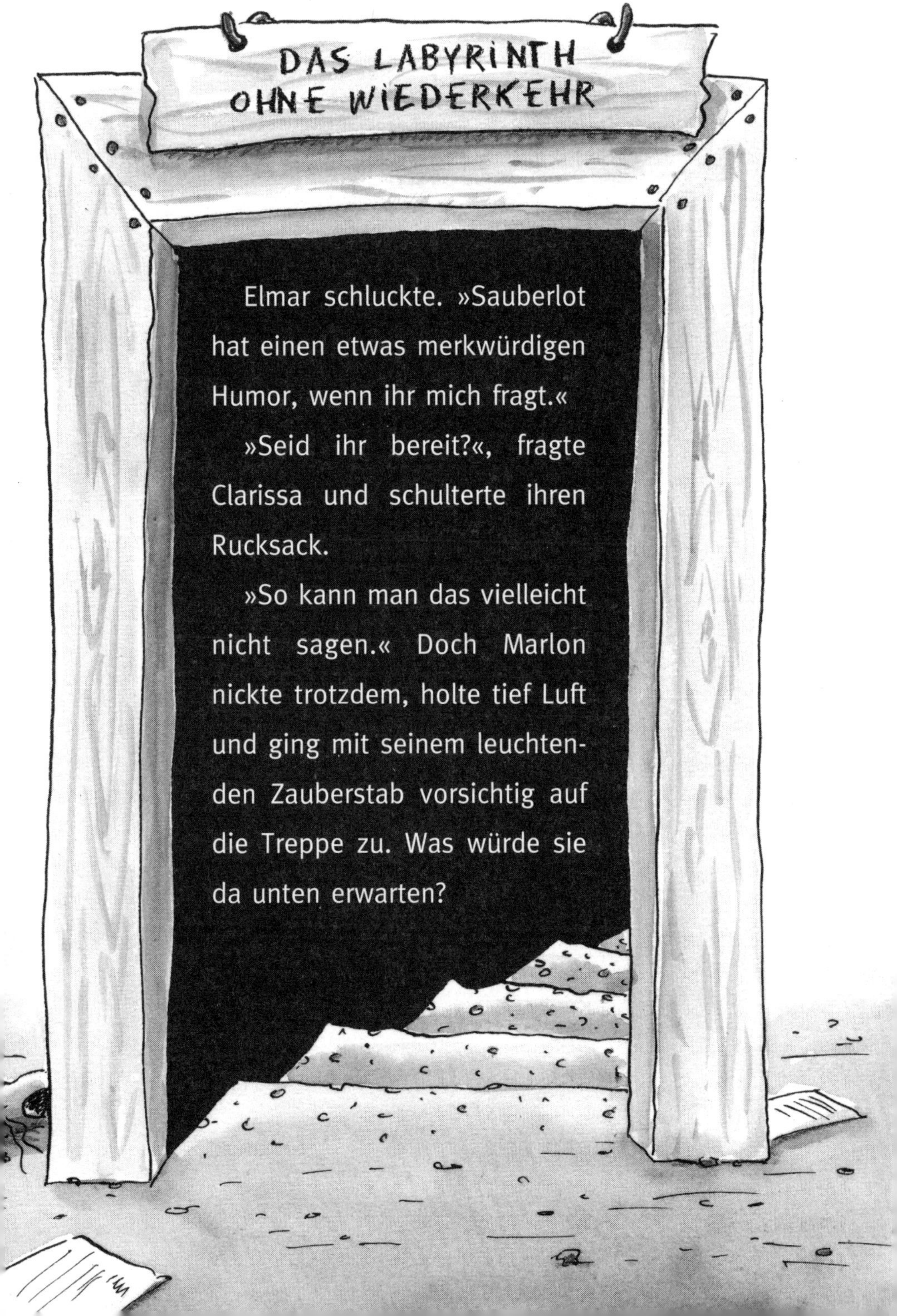

Elmar schluckte. »Sauberlot hat einen etwas merkwürdigen Humor, wenn ihr mich fragt.«

»Seid ihr bereit?«, fragte Clarissa und schulterte ihren Rucksack.

»So kann man das vielleicht nicht sagen.« Doch Marlon nickte trotzdem, holte tief Luft und ging mit seinem leuchtenden Zauberstab vorsichtig auf die Treppe zu. Was würde sie da unten erwarten?

Kapitel IIII III
Das Sockennest

Clarissa starrte noch ein letztes Mal ungläubig auf das große Holztor, das eben noch ein kleines Kästchen gewesen war, dann folgte sie ihrem Bruder und Elmar in die dunkle Tiefe.

Der Gang war so eng, dass die Kinder hintereinander gehen mussten, die Wände rechts und links waren aus grob behauenem Stein. Je tiefer sie kamen, desto kühler wurde es. Endlich hatte die Treppe ein Ende und sie traten durch einen weiteren Holzrahmen in einen etwas breiteren Gang. Es sah aus, als ob ein riesiger Wurm ihn in den Fels genagt hätte. Marlon hoffte nur, dass sie so einem Exemplar nicht begegnen würden. Und wenn doch, gehörten Zauberschüler hoffentlich nicht zu seiner Leibspeise.

»Willkommen im *Labyrinth ohne Wiederkehr.*« Marlon grinste seine Freunde schief an.

Elmar sah im Licht der Zauberstäbe ganz bleich aus.

Er schluckte schwer. »Und jetzt?«

»Da geht's lang.« Clarissa hatte kleine rote Fußspuren auf dem Boden entdeckt, die auf einen weiteren Gang zuführten, der rechts abbog. »Die sind vermutlich für uns. Es sei denn, Sauberlot erwartet noch mehr Gäste.«

Zögernd machten sie sich auf den Weg. Als sie ein paar Schritte gegangen waren, fing es hinter ihnen an zu Grollen und zu Knarzen. Erschrocken blickten die Kinder sich um und konnten dabei zusehen, wie sich der Holzrahmen und die Steintreppe blitzartig unter lautem Getöse zusammenfalteten. Mit einem leisen PLOCK! schlug schließlich das kleine Kästchen auf dem Boden auf und blieb ganz unschuldig liegen.

»Soviel zum *Labyrinth ohne Wiederkehr*«, meinte Marlon trocken. »Hier kommen wir nicht mehr zurück.«

»Wir nehmen das Kästchen auf jeden Fall mit«, sagte Clarissa und steckte es vorsichtig in ihren Rucksack zurück.

Sie brauchten gar nicht lange zu gehen, erst einen Gang nach links, dann nach rechts und wieder nach links, da versperrte ihnen ein riesiger Haufen Socken den Weg. Socken in allen möglichen Farben und Mustern: grüne, gelbe, rot-grün geringelte, blau karierte, rot gepunktete und auch schwarze. Was hatte das zu bedeuten?

»Da ist ein Zettel.« Marlon hatte den blauen Brief als erster entdeckt, der in einer orangen Socke steckte und zog ihn heraus. »Mal sehen, was unser Freund sich hier ausgedacht hat.«

»Und?«, fragte Clarissa ungeduldig. »Wir müssen die doch jetzt nicht alle zählen, oder?«

»Schlimmer!« Marlon hielt ihr den Zettel hin.

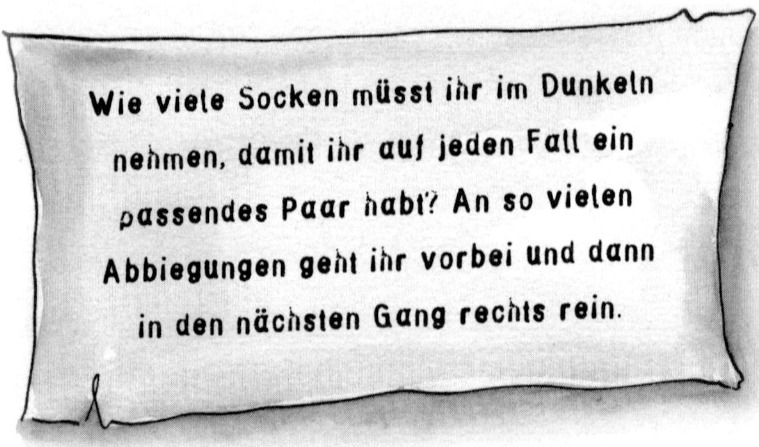

»Wie sollen wir das denn herausfinden?«, fragte Elmar und betrachtete skeptisch den großen Haufen Socken vor sich.

»Dafür müssten wir ja erst mal wissen, wie viele verschiedene Sockenpaare es überhaupt gibt.« Marlon stöhnte. »Dann haben wir also schon wieder ein Zählproblem.«

Inzwischen war Elmar zu dem Sockenhaufen gegangen und hatte versuchsweise eine gelbe Socke herausgerupft. »Ich finde, der Haufen sieht aus wie ein riesiges Nest«, stellte er fest. »Was meint ihr?«

Tatsächlich war in der Mitte des Sockenbergs eine tiefe Kuhle. Und was war das? Clarissa zupfte eine kleine lila Feder von einem schwarzen Strumpf und betrachtete sie unbehaglich. »Elmar! Das *ist* ein Nest!«, flüsterte sie.

Welcher Vogel in diesem riesigen Sockennest brütete, das wollten sich die Zauberschüler lieber nicht ausmalen.

»Kommt, wir sollten uns beeilen und unsere Socken zusammensuchen«, schlug Elmar vor. »Und zwar am besten, bevor der Bewohner zurückkommt.«

Clarissa nickte und griff beherzt in das Sockennest. Dann sortierten sie los. Alle Sockenfarben flogen auf verschiedene Haufen. Immer wieder horchten sie, ob

Flügelschläge oder Schritte zu hören waren. Aber es blieb unheimlich still, bis auf das leise Scharren ihrer eigenen Füße.

»Ha!«, schrie Elmar plötzlich auf. »Das gibt's ja nicht. Guckt mal, was ich gefunden habe.« Er hielt eine grün-rot geringelte Socke in die Luft und strahlte seine Freunde an.

»Sehr schön«, sagte Marlon lahm. »Eine grün-rot geringelte Socke. Toll, Elmar.« Damit drehte er sich zu seiner Schwester und wedelte mit der Hand vorm Gesicht. Clarissa grinste vielsagend zurück.

»Das ist nicht *irgendeine* grün-rot geringelte Socke«, gab Elmar zurück. »Das ist *meine* grün-rot geringelte Socke. Hier ist der Beweis.« Er hielt den beiden die Socke unter die Nase, sodass sie die

Anfangsbuchstaben sehen konnten, die Elmars Vater hineingeschrieben hatte: E. W.

»Aber wie kommt deine Socke hierher?«, wunderte sich Clarissa. »Das ist echt gruselig.«

»Vielleicht finde ich hier ja auch meine fehlenden Strümpfe wieder«, meinte Marlon und sortierte schwungvoll weiter.

Endlich hatten sie die letzte Socke auf den passenden Haufen gelegt. Tatsächlich hatten sowohl Elmar als auch Marlon und Clarissa einige Socken gefunden, die sie zu Hause schon vermisst hatten, und die sie nun in ihre Hosentaschen stopften.

»Jetzt haben wir mehrere Haufen mit jeweils gleichen Socken«, sagte Elmar leise. »Und was jetzt? Wie viele Socken müssen wir im Dunkeln ziehen, um auf

jeden Fall ein passendes Paar zu haben?«, wiederholte er die Frage.

Marlon überlegte kurz. »Das ist doch klar! Um sicherzugehen, dass du im Dunkeln mindestens ein Paar erwischt hast, musst du so viele Socken nehmen, wie es Haufen gibt, und dann noch eine dazu. Denn die nächste, die du ziehst, passt garantiert zu einer der Socken, die du schon in der Hand hast.«

»Super kombiniert, Marlon! Am besten notieren wir uns jeweils so viele Striche, wie wir Socken in den verschiedenen Farben haben, und dann noch einen dazu, dann brauchen wir die Striche nur abzuhaken, wenn wir an einem Gang vorbeikommen«, schlug Clarissa vor und wühlte in ihrem Rucksack nach dem Stiftemäppchen. Plötzlich hielt sie inne. »So ein Mist! Stifte und Papier habe ich oben bei Sauberlot im Büro liegengelassen.«

»Ist doch egal«, sagte Marlon. »Wir können auch einfach mit unseren neuen Zahlen zählen, wie hießen die noch, Elmar?«

»Äh ... flitsch, flotsch«, begann Elmar.

»Nein, flatsch«, unterbrach Marlon ihn.

»Also Jungs, das ist mir zu unsicher. Wir nehmen einfach von jedem Haufen eine Socke mit und noch den einen Strumpf zusätzlich«, schlug Clarissa vor.

Marlon stopfte sich die Socken in die Hosentaschen und unter den Pullover. Aus den übrig gebliebenen Socken bauten sie ein neues Nest, das zwar etwas kleiner war als das ursprüngliche, aber sie hofften, dass es dem geheimnisvollen Bewohner nicht auffallen würde. Dann zogen sie los, froh, endlich vom Nest wegzukommen.

Marlon ließ an jedem Gang, an dem sie vorbeikamen, eine der Socken fallen. So liefen sie immer tiefer in das Labyrinth hinein und hinterließen dabei eine bunte Sockenspur.

»Das ist die Letzte«, rief er und schleuderte eine grüne Socke einmal durch die Luft, bevor er sie losließ. »Tatatata!«

»Also geht es jetzt hier rechts«, sagte Clarissa und verzog das Gesicht. Die Kinder standen vor einem engen Gang, aus dem es ziemlich müffelig roch.

»Hoffentlich ist das der richtige Weg«, meinte Marlon skeptisch. »Wenn wir ein Sockenmuster übersehen haben, dann sind wir komplett falsch.«

»Wir haben aber keins übersehen!«, sagte Clarissa bestimmt. »Also gehen wir weiter.«

Da ertönte plötzlich aus weiter Ferne ein wütendes Krächzen. Dann gurgelte und schlurpste es. Schaurige Geräusche hallten durch das Labyrinth. Die Kinder drückten sich eng aneinander und hielten ihre Zauberstäbe fest umklammert.

»Was ist das?«, flüsterte Marlon heiser. Die Angst schnürte ihm die Kehle zu.

FLOPP, FLOPP, FLOPP! Waren das Flügelschläge? Immer lauter wurde das heisere Krächzen und immer näher kam das wütende Etwas! Mit weit aufgerissenen Augen starrten die Kinder in die Dunkelheit, die sich hinter dem kleinen Lichtkegel ihrer Zauberstäbe ausbreitete. Was kam da auf sie zugeflattert?

Kapitel IIII IIII
Achtung, Sockenschlurps!

Ein riesiger Schatten nahm in der Dunkelheit Gestalt an und kam immer näher. Ein unförmiger Körper mit breiten lilafarbenen Flügeln, stämmige Beine mit messerscharfen Krallen an den Füßen und ein langer Hals, auf dem ein kleiner Kopf mit weit aufgerissenem Schnabel und zornig funkelnden Augen saß. Was für ein Monstrum!

»Ein Schlurps«, flüsterte Clarissa panisch. »Das ist ein Schlurps!«

»Was will das Vieh denn von uns?«, fragte Elmar mit zittriger Stimme.

Das vogelartige Wesen hatte die grüne Socke erspäht, die Marlon eben noch auf den Boden geworfen hatte. Mit einem freudigen Krächzen stürzte sich der Schlurps darauf, packte die Socke vorsichtig mit dem Schnabel und verstaute sie unter seinen Federn. Dann wandte er sich langsam zu den Kindern, legte den Kopf schief und betrachtete sie aus schmalen Augenschlitzen.

Clarissa hatte in der Zwischenzeit hektisch das magische Tierbuch aus ihrem Rucksack gezerrt und suchte fieberhaft nach einer passenden Abbildung. Schlurpse gab es viele, das war ihr gar nicht klar gewesen. Neben dem gemeinen Säbelzahnschlurps gab es den rotschwänzigen Rüpelschlurps, den bebrillten Wanderschlurps, den hochhackigen Wollwanstschlurps und – das war er! – den lilafedrigen Sockenschlurps.

»Ich habe ihn«, zischte Clarissa aufgeregt. »Es ist ein Sockenschlurps!«

»Dann guck mal schnell, ob in dem schlauen Buch auch steht, was der gerne frisst, und wie man so einen wieder los wird!« Marlon ließ das Vogelmonster, das fast doppelt so groß war wie die Kinder, nicht aus den Augen. Langsam ging es auf sie zu, reckte den langen Hals in Richtung Elmar, bis der riesige, kantige Schnabel den Jungen fast berührte. Dann sog es die Luft ruckartig durch den Schnabel ein. SCHLURPS!

Elmar war weiß wie ein Gespenst. »Clarissa, tu was!«, schluchzte er. »Der will mich fressen!«

Clarissa sah kurz vom Buch hoch und las dann schnell weiter. »Also der Sockenschlurps ist eigentlich der friedlichste Schlurps neben dem Wanderschlurps. Wenn er brütet, besorgt er sich nachts so viele Socken, wie er kriegen kann. Und nur, wenn jemand sein Sockennest zerstört, dann wird er gefährlich – sehr gefährlich!«

»Jetzt wissen wir wenigstens, wie unsere Socken hierherkommen«, flüsterte Marlon.

Inzwischen hatte der Schlurps seinen harten Schnabel in Elmars Pullover gebohrt und schnüffelte weiter an ihm herum. Elmar presste seinen Rücken an die Felswand und starrte sein Gegenüber entsetzt an.

»Er will die Socken, die wir mitgenommen haben«, rief Marlon plötzlich. »Schnell, gebt ihm seine Socken wieder!« Hektisch zog er seine rote Socke aus der Hosentasche. »Hier Schlurpsi, guck mal, was ich für dich habe.« Er wedelte wild mit dem roten Teil in der Luft herum, damit das Vogelwesen auf ihn aufmerksam wurde. Und tatsächlich, es funktionierte! Der Schlurps ließ von Elmar ab und lief auf Marlon zu.

»Ja fein. Guck mal, ein Söckchen. Hol dir das Söckchen!«, rief Marlon und warf die rote Socke so weit in den Gang hinein, wie er konnte. Sofort hechtete der riesenhafte Schlurps hinterher, schnappte sich die Socke und versteckte sie schnell unter seinen Federn. Mit wütendem Gekrächze kam er zurück, aber Marlon hielt schon die nächste Socke bereit. »Hier Schlurpsilein, hier ist das Söckchen. Lauf und hol es dir!«

Marlon schien langsam Gefallen an der Sache zu finden.

»Dass der immer so übertreiben muss«, stöhnte Clarissa, während sie ihrem Bruder beim Sockenwerfen zusah. Doch dann waren alle Socken weg und der Schlurps war immer noch sauer. Drohend kam er mit weit geöffnetem Schnabel auf die Kinder zu, da schwoll hinter ihnen ein heulender, schrill kreischender Ton an, der schnell lauter wurde. Er raste mit einer irren Geschwindigkeit durch die Kinder hindurch, erfasste das Vogelwesen, wirbelte es herum und hüllte es ein. Dann war es plötzlich still. Kein heulender Ton, kein Gekrächze und kein Geschlurpse mehr! Absolute Stille!

Der Schlurps stand wie schockgefroren vor ihnen, den Schnabel aufgerissen, als wollte er gleich zuschnappen. Aber zum Glück schnappte da nichts mehr!

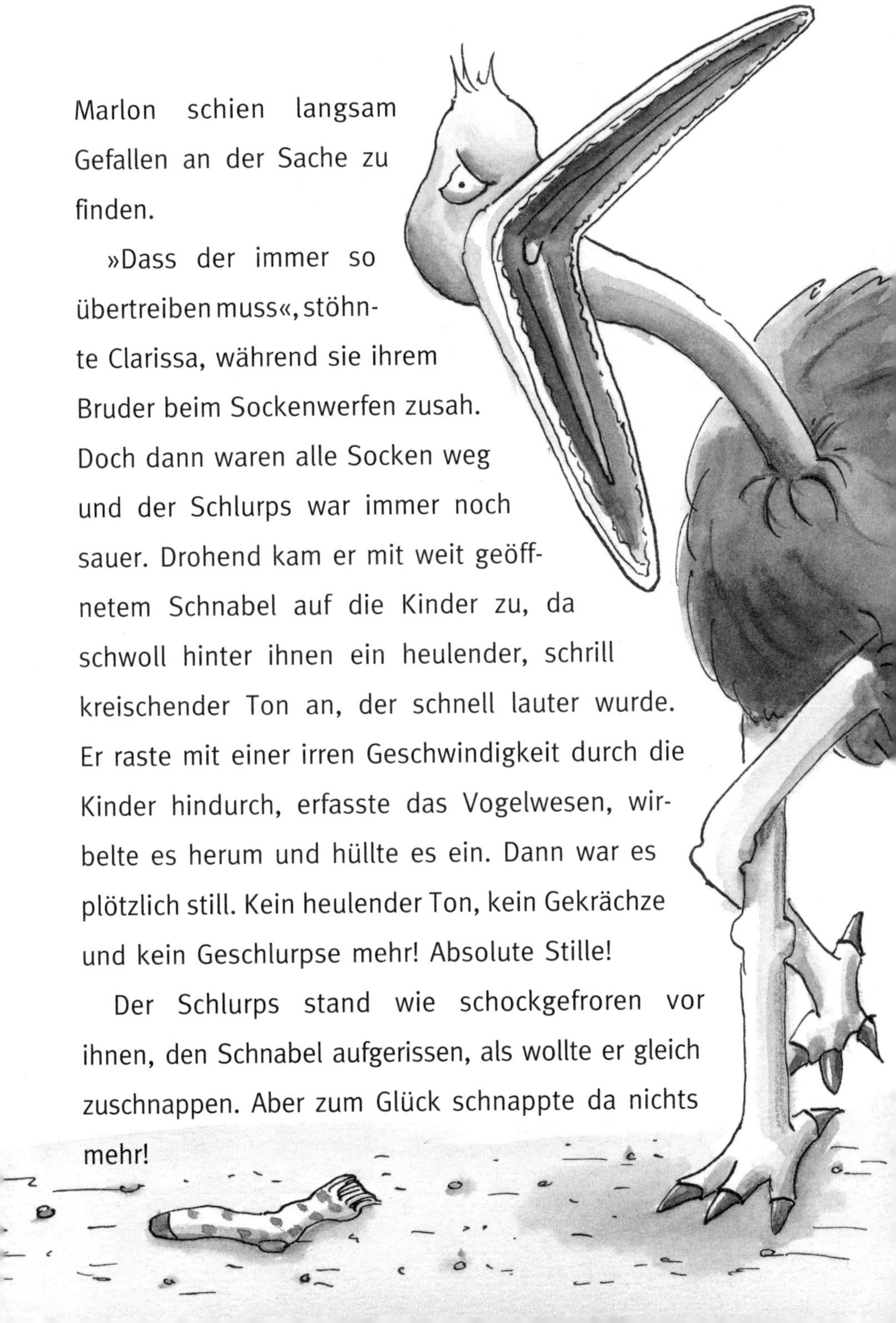

»Herr Siberius hat uns gerettet!« Clarissa sank erleichtert auf den Boden.

Marlon sah sich verwirrt um, konnte seinen Klassenlehrer aber nirgends entdecken. »Was hat Herr Siberius damit zu tun?«

»Das war der Schlurpshornton, du Dösi! Er hat den Schlurps unschädlich gemacht. Scheinbar wirkt er nicht nur beim gemeinen Säbelzahnschlurps, sondern auch bei einem Sockenschlurps.«

Die beiden Jungs setzten sich neben Clarissa und lehnten sich an die Felswand. Ehrfürchtig betrachteten sie den erstarrten Schlurps vor sich. Das war aber wirklich Rettung in letzter Sekunde gewesen!

Nachdem sie zitternd einen Moment gewartet hatten, standen sie auf, drückten sich vorsichtig um den bewegungslosen Schlurps herum und gingen dann in den muffigen Gang, der sie weiter zum Ziel führen sollte.

»Wartet mal kurz«, sagte Elmar und drehte sich noch mal zu dem riesigen Vogelwesen um. Dann steckte er blitzschnell seine Hand in die Federn und zog ein paar Socken heraus. Triumphierend hielt er seine grün-rot geringelte in die Luft und grinste.

Clarissa und Marlon starrten ihn entsetzt an.

»He, das sind meine Lieblingssocken«, verteidigte sich Elmar. »Und der braucht sie ja jetzt nicht mehr.«

»Mann, Elmar«, stöhnte Clarissa. »Stell dir vor, der wäre durch deine Berührung wieder aufgewacht!«

Elmar zuckte mit den Schultern. »Ist er aber nicht. Kommt, lasst uns gehen.«

Marlon und seine Schwester folgten ihm kopfschüttelnd.

Bald schon hatten sie die nächste Station erreicht. Sie erkannten es sofort an dem kleinen blauen Zettel, der in einem der Löcher steckte, die über die ganze Wand verteilt waren.

Elmar war als Erster da, rupfte das Blatt heraus und faltete es auseinander. »Wir sollen so viele Schritte weitergehen, wie es Löcher in dieser Wand gibt, und dann links abbiegen«, erklärt er.

Die Kinder betrachteten missmutig die Felswand, die aussah wie ein Schweizer Käse.

»Das sind ja mindestens ... also mindestens ... total viele«, beendete Marlon seinen Satz zerknirscht.

»Das ist doch echt verrückt. Erst lässt Sauberlot alle Zahlen verschwinden und jetzt sollen wir ständig irgendetwas zählen. Warum macht er das?«, fragte Clarissa.

Marlon zuckte mit den Schultern. »Vielleicht will er, dass wir aufgeben.«

»Da kennt er uns aber schlecht!«, rief Elmar. »Das machen wir doch mit links. Schade, dass wir die Wand nicht auch einfach mitnehmen können wie die Socken.«

»Wenn wir wenigstens Blatt und Stifte hätten«, ergänzte Marlon und warf seiner Schwester einen Seitenblick zu. »Das sind so unglaublich viele Löcher, wo sollen wir denn da anfangen?«

»Wir kriegen das schon hin«, beruhigte Clarissa die beiden Jungs und betrachtete die zerlöcherte Wand vor sich. »Wir müssen ein wenig Ordnung hineinbringen. Wir brauchen ein System!«

Elmar kratzte sich am Kopf. »Was denn für ein System? Was meinst du?«

Clarissa war ganz in Gedanken vertieft und griff nach einem Stein, der am Boden lag. Damit zog sie einen Kreis um einige Löcher. »Das sind jetzt so viele Löcher, wie ich Finger an der Hand habe«, sagte sie. »Und so machen wir es jetzt auf der ganzen Wand. Ihr umkreist immer so viele Löcher, wie ihr Finger an einer Hand habt.«

Marlon und Elmar war zwar noch nicht ganz klar, worauf Clarissa hinauswollte, aber da sie keine bessere Idee hatten, nahm sich jeder einen Stein vom Boden und machte sich ans Werk.

»Flitsch, flatsch, plipp, plopp, motz«, zählte Marlon und machte einen Kreis. »Flitsch, flatsch, plipp, plopp, motz.« Und der nächste Kreis.

Als sie fertig waren, blieben nur wenige Löcher übrig.

»Plipp Löcher«, sagte Elmar und grinste. Zufrieden betrachteten die Kinder ihr Werk. Tatsächlich wirkte die Menge der Löcher jetzt schon etwas übersichtlicher. Aber es waren immer noch ziemlich viele Kreise.

»Wir könnten jetzt jeweils ein Bündel und noch eines zusammenfassen«, schlug Marlon vor. »Dann hat ein großer Kreis so viele Löcher, wie ein Mensch Finger hat. Also flitschig Löcher oder doppelmotz, was meinst du Elmar?«

Elmar überlegte kurz. »Flitschig ist besser«, entschied er dann. »Dann können flatsch große Kreise flatschig sein.«

»Ich weiß nicht, ob ich mich an solche komischen Zahlen gewöhnen kann«, lachte Clarissa, aber die Idee mit den großen Kreisen fand sie gut und so machten sie sich wieder ans Werk.

»He, was ist das denn?!«, schrie Marlon plötzlich und taumelte zurück. Direkt vor seiner Nase bröselte der Fels und eine kleine rosa Schnauze schob sich langsam heraus. Eine grüne Zunge schnellte hervor, fing einen Felskrümel auf und zog ihn in das winzige

Maul zurück. Dann schmatzte und schluckte das kleine Wesen und wand sich langsam aus dem Loch heraus. Es schien von den Kindern gar keine Notiz zu nehmen, schraubte sich einfach in die Luft, bis es den Kopf wieder zur Felswand drehte und erneut zu nagen begann.

»Das ist ein Wandwurm.« Clarissa hatte schnell die richtige Seite in dem magischen Tierbuch gefunden. »Der ernährt sich von Felsen.«

Elmar wurde blass. »Der nagt ja unser ganzes System kaputt. Nachher stimmt das alles nicht mehr!«

»Ok, du Wurm«, sagte Marlon und schob seine Ärmel hoch, während er auf die Wand zumarschierte. »Du musst jetzt leider woanders nagen.«

Dann packte er den rosa Wurm und zog vorsichtig an ihm – er war weich und fluffig. Verwundert stellte Marlon fest, dass es ganz leicht ging. Er hatte mehr Widerstand erwartet, aber der Wurm wurde immer länger und länger und Marlon entfernte sich immer weiter von seinen Freunden, während er zog und zog.

»Wie lang ist denn so ein Wandwurm?«, rief er zu seiner Schwester hinüber, die immer noch das Buch in der Hand hielt.

Die zuckte mit den Schultern. »Woher soll ich das wissen. Keine Zahlen, schon vergessen?«

Marlon stöhnte und begann, den Wandwurm aufzuwickeln, damit er nicht weiter weg laufen musste. Aber dann hatte das Würmchen wohl auf einmal ein besonders leckeres Stück Felsen entdeckt und schnellte darauf zu. Es nagte sich in Windeseile ein Stück weit hinein und der Rest seines Wurmkörpers schnellte wie ein Gummiband hinterher. Marlon konnte sich gerade noch mit einem Hechtsprung in Sicherheit bringen, sonst hätte es ihn umgerissen.

Als er zu seinen Freunden zurückkehrte, waren die beiden mit dem Einkreisen fertig.

»Und was jetzt?«, fragte Marlon und sah sich interessiert die vielen Kreise an. »Wie nehmen wir das mit auf den Weg?«

Clarissa sah ihren Bruder grinsend an. »Da habe ich schon eine Idee. Herr Dunstkerns Bart hat mich darauf gebracht.« Sie holte einen Faden Wolle aus ihrem Rucksack und knüpfte Knoten hinein.

Elmar sah ihr verwundert zu. »Clarissa, meinst du, für Handarbeiten ist jetzt der richtige Zeitpunkt?«

»Doch, das beruhigt mich«, sagte Clarissa todernst. Als sie Elmars besorgtes Gesicht sah, musste sie lachen. »Das war ein Spaß, Elmar!«

Aber Marlon hatte begriffen. »Das sind die Kreise, richtig, Clarissa? Du machst für jeden großen Kreis einen Knoten.«

Seine Schwester nickte. »Für die Kreise knüpfe ich dicke Knoten und für die restlichen Löcher dünne Knoten. Dann können wir das beim Gehen ganz einfach abzählen.«

Als sie sich endlich auf den Weg machten, hatte Clarissa tatsächlich alle Löcher in der Felswand auf die kleine Schnur gepackt. Ihr System funktionierte einwandfrei. Für jeden dicken Knoten machten sie so viele Schritte, wie sie Finger hatten – also flitschig.

Marlon und Elmar machten sich einen Spaß daraus mit ihren neuen Zahlen mitzuzählen. »Flitschigflitsch, flitschigflatsch, flitschigplipp, flitschigplopp ... flatschig, flatschigflitsch, flatschigflatsch ...«

Clarissa hatte Mühe, sich auf die Knoten zu konzentrieren bei diesem ganzen Geflitsche und Geflatsche, aber dann waren nur noch die kleinen Knoten übrig, die jeweils einen Schritt bedeuteten. Plötzlich wurden ihre Füße immer schwerer, ihre Schuhe klebten wie Kaugummi am Boden fest.

Mühsam machte Marlon einen weiteren Schritt. »Wir müssten doch jetzt da sein«, sagte er. »Seht ihr hier irgendwo wieder so einen blauen Zettel?«

Clarissa und Elmar blieben stehen und leuchteten die Felswände ab. Dann fiel ihr Blick auf ihre Füße, die schon tief im Boden eingesunken waren.

»Was ist das denn?«, fragte Clarissa entsetzt und versuchte einen Fuß hochzuziehen, doch der bewegte sich kein Stück. Wie festgeklebt standen die Kinder im Gang und sahen sich hilflos an.

»Wie kommen wir jetzt bloß hier weg?«, fragte Marlon. »Das ist bestimmt eine Falle.«

»Oder der Wandwurm hatte schon ein paar Löcher zusätzlich gebohrt«, vermutete Elmar. »Dann haben wir falsch gezählt.«

»Ich glaube, da kommt jemand«, zischte Marlon. »Seid mal leise!«

Atemlos lauschten sie auf die Schritte, die sich aus einem Nebengang auf sie zubewegten.

Kapitel ~~IIII~~ ~~IIII~~
Das Geheimversteck

Die Schritte kamen näher und näher. KLONG, KLONG, KLONG! hallte es von den Felswänden zurück. Jetzt waren sie direkt hinter ihnen, aber so sehr die Kinder sich auch die Köpfe verrenkten und in die Dunkelheit starrten, sie konnten niemanden erkennen.

»Da!«, schrie Marlon plötzlich und zeigte auf einen tiefen, runden Abdruck, der sich in dem klebrigen Brei gebildet hatte. »Und da, noch einer!«

Die Schritte wurden langsamer, das Wesen hatte scheinbar auch mit der Klebekraft zu kämpfen. Aber es war ganz eindeutig, dass da etwas Unsichtbares mit ziemlich großen Füßen auf sie zukam!

»Was ist das, Clarissa?«, rief Elmar ängstlich.

Clarissa hatte schon wieder ihr Buch herausgeholt und blätterte zu den unsichtbaren magischen Tieren.

»Den Fußspuren nach zu urteilen, ist es ein mehrhöckriger Dunstwandler.«

»Und?«, fragte Marlon mit hoher Stimme. »Ist der irgendwie gefährlich?«

Seine Schwester schüttelte den Kopf. »Pflanzenfresser. Aber er ist stark. So stark, dass er scheinbar mühelos durch diese Pampe gehen kann. Wir müssten ihn nur besser sehen.«

»Farb und tau, sprühe blau«, murmelte Marlon und hielt seinen Zauberstab hinter sich. Ein feiner blauer Farbnebel stülpte sich über den Dunstwandler, sodass sie mit einem Mal seine Konturen sehen konnten. Er war fast so breit wie ein Elefant, mit kurzen Beinen, dick wie Baumstämme, und auf dem Rücken hatte er mehrere stachelige Höcker.

»Wahnsinnsidee, Marlon!« Clarissa war wirklich beeindruckt. »Das ist unsere Chance.«

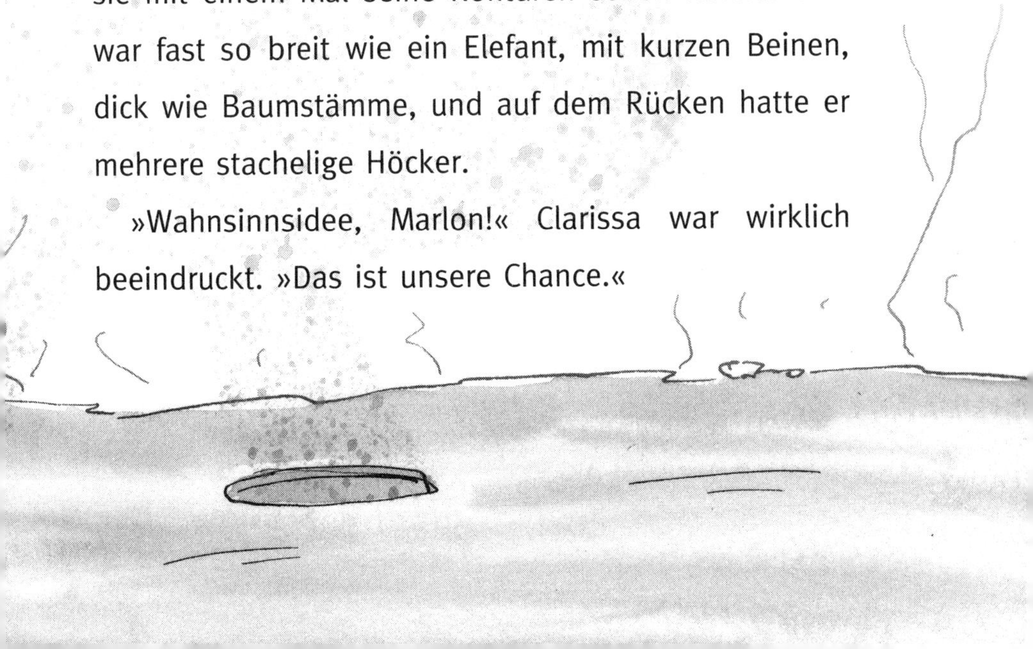

Die Jungs nickten, sie hatten verstanden und machten sich bereit. Der Dunstwandler schien gar keine Notiz von den Kindern zu nehmen, die blauen Farbtröpfchen, die seine Umrisse zeigten, zogen einfach an Clarissa vorbei. Auf diesen Moment hatte sie gewartet: Sie griff nach einem Stachelhöcker und krallte sich mit aller Kraft daran fest. Ihre Schuhe zogen lange Fäden, bis sie mit einem satten PLOPSCH! in die klebrige Masse zurückflitschten. Schon war der Dunstwandler neben Marlon und Elmar und beide griffen nach einem Höcker. PLOPSCH! PLOPSCH! Mehrere Schuhe blieben ohne ihre Besitzer zurück.

Die Kinder schwangen die Beine über den breiten Rücken des Dunstwandlers und lehnten sich erschöpft an die hohen Stacheln. Das durchsichtige Tier schien sie gar nicht zu bemerken und stapfte unbeirrt weiter den Gang entlang.

»Glück gehabt, würde ich sagen«, fasste Marlon die Situation zusammen.

Elmar streckte seine Beine aus und machte es sich auf dem schwankenden Rücken bequem. »Was meint ihr, wo unser Freund uns hinbringt?«, fragte er.

Clarissa gähnte. Sie war erschöpft und der schaukelige Gang des Dunstwandlers machte sie ganz müde. »Vielleicht in die Höhle des Löwen«, vermutete sie.

Marlon drehte sich um und sah sie mit aufgerissenen Augen an. »Du meinst, er geht direkt zu Sauberlot?«

»Kann doch sein«, sagte Elmar. »Diese magischen Tiere bewegen sich durch das Labyrinth, als wären sie hier zu Hause. Erst das magische Minus, dann der Sockenschlurps, der Wandwurm und jetzt ein Dunstwandler. Die sind ja nicht zufällig hier. Wahrscheinlich gehören sie Sauberlot.«

»Vergiss die Steinbeißer nicht«, erinnerte Marlon ihn.

»Sauberlot hat eben ein Händchen für magische Tiere und scheinbar hält er davon hier unten eine ganze Armee. Was hat er nur vor?«, fragte Clarissa.

»Da!«, rief Elmar plötzlich. »Da hängt wieder ein blauer Brief. Also waren wir doch im richtigen Gang. Wir hätten nur weitergehen müssen.«

»Dann heißt es jetzt wohl Abschied nehmen.« Marlon tätschelte dem Dunstwandler den Hals. »Danke, alter Junge. Du hast uns echt geholfen.« Dann sprangen die Freunde ab. Nachdem sie sich aufgerappelt hatten, sahen sie den blauen Farbtupfern nach, die langsam in der Dunkelheit verschwanden.

»Also weiter geht's.« Clarissa riss den Brief von der Felsenspitze, auf der er steckte. »*Du darfst nur einen Stab bewegen, dann wird alles gut*«, las sie laut vor.

»Was soll das nun wieder?« Marlon hatte langsam genug davon, durch kalte, dunkle Felsengänge zu laufen und jetzt hatte er noch nicht einmal mehr Schuhe an. Außerdem war er hundemüde und die Kälte kniff ihn schmerzhaft in die Zehen. Er hüpfte von einem Bein aufs andere. »Was für Stäbe denn?«, fragte er ungeduldig. Aber Elmar und Clarissa hatten schon etwas entdeckt: In einer Felsnische vor ihnen waren einige kurze Stäbchen an der Wand befestigt.

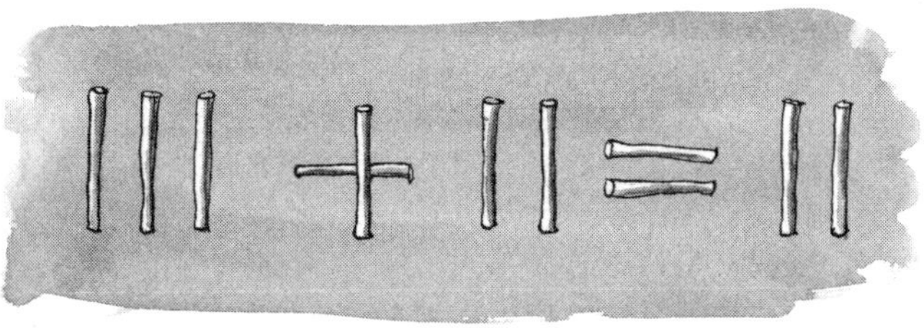

Die Kinder betrachteten grübelnd das neue Rätsel.

»Also, was soll das? Hat jemand eine Idee?«, fragte Elmar. »Ich nämlich nicht. Mein Kopf ist gerade so leer wie mein Bauch. Mit Hunger kann ich einfach nicht denken.« Wie zur Bestätigung knurrte sein Magen wie ein wütender Hund.

»Ich würde sagen, die Striche könnten wieder eine Anzahl darstellen. So haben wir doch auch in Sauberlots Büro gezählt«, vermutete Marlon.

Clarissa grinste. »Dann sind die anderen Stäbe bestimmt ein Plus und ein Gleichheitszeichen.«

»Aber so stimmt es nicht«, stellte Elmar fest. »Die Stäbe auf der linken Seite sind zusammen mehr als die auf der rechten.«

»Und wir müssen einen Stab umlegen. Ich probier das mal aus.« Marlon trat auf die Wand zu und wollte nach einem der Hölzchen greifen.

»Mach das bloß nicht!«, rief Elmar und hielt seinen Arm fest. »Wenn das richtig ist, wird alles gut, aber wenn das falsch ist, was dann? Dann kommt vielleicht irgendwo ein gehörnter Schrumpfpo raus und verschlingt uns mit Haut und Haaren.«

Clarissa musste kichern. »Gehörnter Schrumpfpo! Du bist auch ein gehörnter Schrumpfpo, Elmar.«

»Den gibt es wirklich!«, beharrte er.

»Ja klar.« Clarissa kicherte immer noch, während sie sich wieder dem Rätsel zuwandte. »Aber ich finde auch, wir sollten das Stäbchen erst bewegen, wenn wir uns sicher sind.«

Sie überlegten hin und her, bis Clarissa schließlich eine Idee hatte. »Ich weiß es!«, rief sie. »Ganz sicher!«

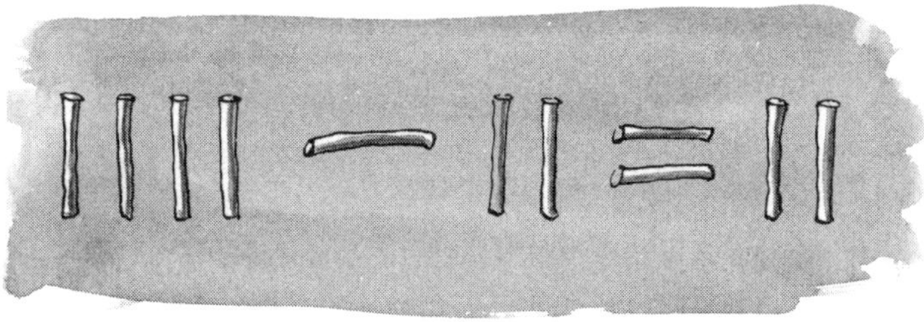

Gespannt sahen die Jungs ihr zu, wie sie eines der Hölzchen von dem Pluszeichen wegnahm und es ganz vorne platzierte. Sofort machte es PLING! und eine grüne Lampe über ihren Köpfen blinkte flackernd. KRACKS! Vor ihnen erzitterte die Felswand und eine große, rechteckige Steinplatte schob sich knirschend ins Innere. Sprachlos sahen die Kinder zu, wie der riesige Felsbrocken zur Seite ruckelte und einen Durchgang freigab.

»Dann wollen wir doch mal gucken, was uns darin erwartet«, sagte Marlon und trat durch die Öffnung, Clarissa und Elmar hielten sich dicht hinter ihm. Staunend sahen die Kinder sich um. Vor ihnen öffnete sich eine wunderschöne Höhle. Von der hohen, gewölbten Decke hingen golden schimmernde Kristalle, die alles in ein warmes Licht tauchten. Überall standen prunkvolle Sofas und Sessel herum, dazwischen lagen dicke Teppiche, in die verschiedene Tierfiguren gewebt waren. In der gegenüberliegenden Wand gab es meh-

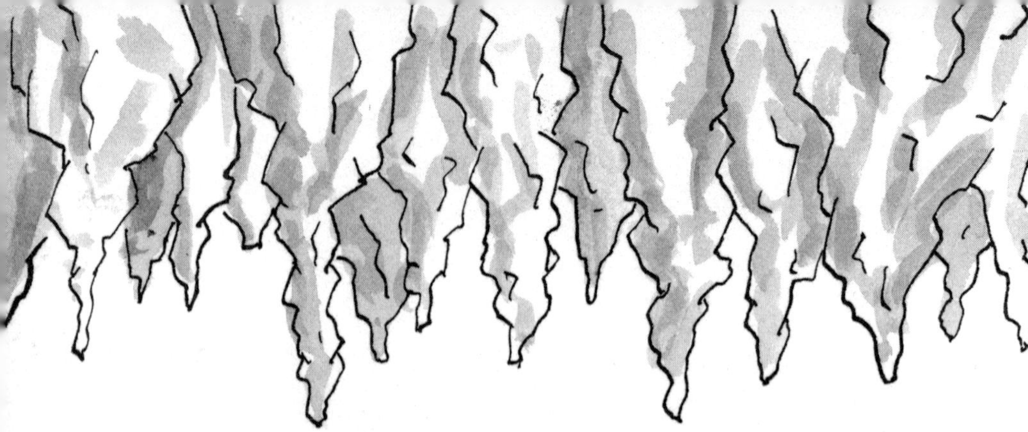

rere Durchgänge, die zu anderen Höhlen zu führen schienen. Und aus einer dieser Öffnungen drang jetzt eine dunkle Stimme zu ihnen herüber!

»Das ist bestimmt Sauberlots Geheimversteck«, flüsterte Clarissa. »Wir haben ihn!«

»Aber was machen wir jetzt?«, flüsterte Elmar zurück.

»Wir müssen ihn zwingen, die Zahlen wieder rauszurücken«, meinte Marlon. »Vielleicht können wir ihn irgendwo einsperren.«

Clarissa guckte sich skeptisch um. Die Höhle hatte viele Ausgänge, aber keine Türen, wie sollten sie da jemanden einsperren? »Aber wir sind ja zu dritt und er ist alleine«, stellte sie fest und schlich mutig in die Höhle hinein.

»Alleine mit jeder Menge merkwürdiger magischer Tiere«, murmelte Marlon mürrisch, während er ihr folgte.

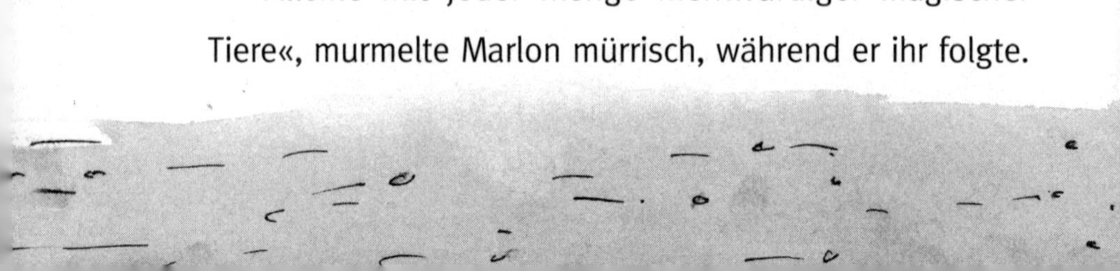

Sie huschten hinter einem riesigen roten Sofa entlang und erschraken furchtbar, als sich eines der roten Kissen plötzlich aufplusterte, in die Luft sprang und Alarm schlug. Das schrille Kreischen schallte von den Wänden zurück und brachte die Deckenkristalle zum Scheppern. Sofort verstummte die Stimme nebenan, einen Moment lang war Stille, dann rannte jemand los.

Kapitel 卌 卌 I
Der magische Zoo

Marlon, Elmar und Clarissa standen immer noch wie festgefroren da, als Sauberlot in die Halle stürzte. Er erkannte die Kinder sofort und stutzte. »Was macht ihr denn hier?«, fragte er verwundert.

Clarissa setzte alles auf eine Karte, verschränkte die Arme und sah den Hausmeister streng an. »Wir wissen Bescheid, Herr Sauberlot. Wir wissen *alles*!«

»Und die Direktorin haben wir auch schon informiert«, fügte Marlon schnell hinzu.

»Sie dürfen uns also nichts tun«, sagte Elmar mit piepsiger Stimme.

Sauberlot sah den Jungen verwirrt an. »Warum sollte ich euch denn etwas tun? Ich weiß ja selber, dass es nicht richtig ist, was Pimpanello macht, aber ich dachte, ich könnte ihn zur Vernunft bringen, bevor alles rauskommt und er entdeckt wird. Aber wenn jetzt Frau Grimbaldi auch schon ...«

»Moment mal«, unterbrach Clarissa ihn. »Pimpanello, das sind Sie doch selbst! Pimpanello Sauberlot. *Sie* haben doch das magische Minus losgeschickt.«

»Ich?!« Der Hausmeister sah die Kinder entrüstet an. »So etwas würde ich niemals tun. Und schon gar nicht würde ich Steinbeißer auf unser Schloss loslassen! Also wirklich!«

»Aber *P.S.*, das sind doch Ihre Anfangsbuchstaben?«, fragte Marlon kleinlaut.

Sauberlot nickte stirnrunzelnd. »Ja schon, aber ich heiße Primus Sauberlot, Pimpanello ist mein Neffe. Der Sohn von meiner Schwester Primabella.« Er zuckte mit den Schultern und grinste verlegen. »Wir haben alle Vornamen, die mit P anfangen. Das hat in unserer Familie Tradition.«

»Und was ist mit dem roten Farbtopf und dem Pinsel? Damit haben Sie doch die Botschaften an die Wand in der Eingangshalle geschrieben?!«, fragte Elmar misstrauisch.

Sauberlot schüttelte den Kopf. »Das habe ich meinem Neffen abgenommen, ich wollte verhindern, dass er damit noch mehr Unsinn anstellt.«

Clarissa stöhnte. »Da lagen wir ja total daneben.«

»Na ja, *total* daneben würde ich jetzt nicht sagen«, tröstete Herr Sauberlot sie. »Aber ein Stückchen.«

»Da müssen wir uns wohl bei Ihnen entschuldigen, Herr Sauberlot.« Marlon sah ihn zerknirscht an.

»Später«, sagte der Hausmeister. »Jetzt müssen wir uns erst um meinen Neffen kümmern. Vielleicht könnt ihr ja mal mit ihm reden, auf mich hört er nicht.«

Die Kinder folgten dem Hausmeister durch einen kurzen Tunnel.

»Jetzt erzählt mir mal, wie ihr hierhergekommen seid«, forderte Sauberlot sie auf. Und während sie weitere Höhlen und Gänge durchquerten, berichteten sie Herrn Sauberlot, wie sie das Buch über das magische Minus und später die Schulchronik in seinem Büro gefunden hatten.

»Wir konnten ja nicht sehen, von wann die Chronik ist, es stand keine Jahreszahl mehr vorne drauf«, erklärte Clarissa entschuldigend. »Sonst hätten wir natürlich sofort erkannt, dass Sie nicht Pimpanello sein können. Sie sind ja viel älter!«

Sauberlot lachte. »Ja älter schon. Aber wir haben die gleiche Nase, oder?« Dann wurde er langsamer und stoppte vor einem neuen Durchgang. »So, hier ist er drin. Am besten geht ihr alleine rein. Ich habe mich die ganze Zeit nur mit ihm gestritten. Viel Glück.«

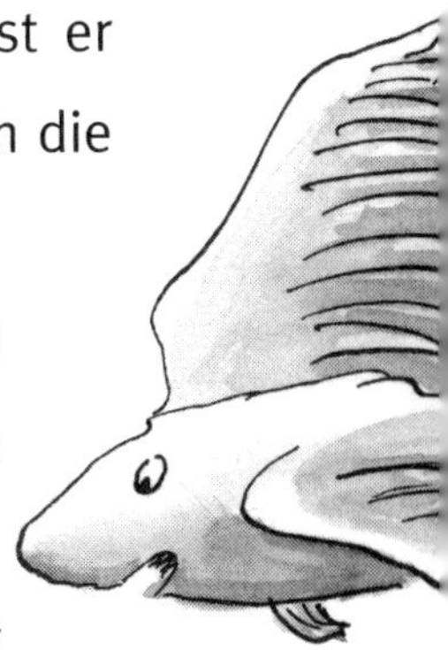

Die Kinder guckten sich unsicher an, aber sie gingen weiter. Jetzt gab es kein Zurück, schließlich waren sie ja genau deshalb hergekommen!

Als sie die Höhle betraten, staunten sie nicht schlecht. Es wimmelte nur so von magischen Tieren! Große und kleine, geschuppte und bunte. Manche waren in Käfigen, andere liefen oder flogen frei herum.

»Achtung!«, rief Clarissa, als ein Fischflügler ihr haarscharf über den Kopf flog. Marlon und Elmar konnten sich gerade noch wegducken. Es dauerte einen Moment, bis sie den hageren Mann im grünen Umhang ausgemacht hatten, der in der Mitte der Höhle auf einem Sessel saß. Als er die Kinder sah, sprang er auf.

»Das gibt's ja nicht. Ihr habt es tatsächlich geschafft?! Wie habt ihr das gemacht? Unmöglich!«

Clarissa zuckte mit den Schultern. »So schwer war das nun auch wieder nicht.«

»Ich fand es damals zu schwer«, murmelte Pimpanello und guckte traurig auf den Boden. »Das waren alles Aufgaben aus meiner Nachprüfung zum Zauberabschlussdiplom. Ich dachte, die sind gar nicht lösbar.« Ein kleiner Drüsenläufer kam und stupste ihm tröstend an die Hand.

»Und wir haben uns schon gewundert, dass jemand, der mit Zahlen nichts zu tun haben will, sich solche Rätsel ausdenkt«, sagte Elmar und machte einen Schritt zur Seite, um mehreren grünen Minischlurpsen Platz zu machen, die wild schnatternd an ihm vorbeiliefen.

Marlon blickte sich neugierig um. Hinter Pimpanellos

Sessel stand der durchsichtige, blau betröpfelte Dunstwandler, der gemächlich einen großen Eimer Grünzeug verputzte. In einer Felsnische nisteten zwei große Schlurpse. Wahrscheinlich rotnasige.

»Das ist ja Wahnsinn!«, staunte Marlon. »Sie haben hier ja einen richtigen magischen Zoo.«

Da glitt ein Lächeln über das Gesicht des jungen Zauberers. »Ja, sie sind wundervoll, oder? Ich habe sie in der ganzen Welt gesucht und gerettet. Die letzten ihrer Art!«

»Nur das magische Minus kann ich nicht sehen«, sagte Clarissa scharf. »Und das gehört ja wohl auch Ihnen, oder? Sie haben es doch losgeschickt, um uns die Zahlen zu klauen!«

Pimpanello bekam ganz rote Wangen. »Ja, ja, das habe ich. Aber jetzt ist es verschwunden. Ich habe es schon überall gesucht. Und ich glaube ...«, er schluchzte auf. »Ich befürchte, Professorin Grimbaldi hat es ..., hat es ...«

In diesem Moment war lautes Gepolter zu hören, die Tiere stoben gackernd und kreischend auseinander. Etwas kleines Knallblaues schoss durch ihre Mitte,

daran hing ein langes Seil und daran hing eine etwas mitgenommen aussehende Direktorin, die mit einer Hand nach ihrem Spitzhut griff, während die andere das Minus am Seil festhielt.

Das magische Minus stoppte genau vor Pimpanellos Füßen, warf sich dort auf den Rücken und streckte seine kurzen Beinchen in die Luft. Der junge Zauberer konnte sein Glück gar nicht fassen, er kraulte begeistert den weichen blauen Bauch und bemerkte erst gar nicht, dass an seinem kleinen Minus noch etwas oder besser *jemand* dranhing.

Frau Grimbaldi strich ihren Umhang glatt. Sie sah ziemlich zerzaust aus, aber auch sehr erleichtert, als sie jetzt Marlon, Elmar und Clarissa erblickte. »Da seid ihr ja, wunderbar! Ich war doch etwas in Sorge, als ihr die ganze Nacht nicht zurückgekommen seid.«

»Ist es etwa schon morgens?«, fragte Clarissa erstaunt. Kein Wunder, dass sie so müde waren. In den dunklen Felsgängen hatten sie jedes Zeitgefühl verloren.

»Ich habe euren Eltern Bescheid gesagt, dass ihr heute im Schloss übernachtet, um bei einem wichtigen Projekt zu helfen, damit sie nicht beunruhigt sind«, erklärte Professorin Grimbaldi den Kindern.

»Aber wie kommen *Sie* denn hierher?«, fragte Marlon.

»Ich habe unseren stacheligen Freund hier«, sie nickte mit dem Kopf zum kleinen Minus, »in eurer Klasse dabei überrascht, wie er eine Schachtel Himbeeraugenkekse verputzte. Da konnte ich ihn schnappen und dann hat er mich hierhergeführt.«

Elmar seufzte und warf dem Minus einen neidischen Blick zu. Das war es dann wohl mit seinen leckeren Himbeeraugenkeksen.

Pimpanello hatte die Direktorin schon eine ganze Weile angestarrt. Jetzt schluckte er und stand auf. »Möchten Sie sich nicht setzen, Frau Professor?«, fragte er mit roten Wangen und wies auf den Sessel.

»Ich denke, wir haben im Augenblick Wichtigeres zu tun«, antwortete die Direktorin verschnupft.

»Genau! Wir möchten jetzt die Zahlen zurück«, sagte Clarissa nachdrücklich. »Wir haben alle Rätsel gelöst! Und das Versprechen war, dass wir dann die Zahlen wiederbekommen!«

Pimpanello verschränkte trotzig die Arme vor der Brust. »Kommt gar nicht in Frage. Wieso wollt ihr die dämlichen Zahlen überhaupt zurückhaben?! So habt ihr keinen Rechenunterricht, ist das nicht herrlich? Ihr solltet mir dankbar sein.«

»Aber die Zahlen brauchen wir doch auch für viele andere Dinge«, versuchte Marlon ihm klarzumachen. »Ich rechne auch nicht besonders gerne«, er warf einen schuldbewussten Blick auf die Direktorin, »aber ich möchte doch gerne zählen können, wie viele Runden ich auf meinem Besen fliege.«

»Wir finden unseren Klassenraum nicht mehr, wir wissen nicht, wie viele Schüler eine Klasse hat und auch nicht welches Schuljahr gerade ist. Und wir können nicht mal eine bestimmte Seite in unseren Büchern aufschlagen«, klagte Clarissa.

»Es gibt auch nichts mehr zu essen, weil die Zaubersprüche der Köche ohne Zahlen nicht funktionieren«, jammerte Elmar und dachte sehnsüchtig an den Flunkerfisch, der wahrscheinlich immer noch nicht im Ofen war. »Und am Kiosk einzukaufen, ist auch echt schwierig geworden, weil die Münzen keinen Wert mehr haben.«

»Wir wissen nicht, wie viel Uhr es ist, wann Pause oder wann die Schule zu Ende ist. Ich kann mich noch nicht mal daran erinnern, wann ich Geburtstag habe!« Marlon verschränkte erbost die Arme vor der Brust.

»So habe ich das noch gar nicht gesehen«, sagte Pimpanello, machte aber immer noch ein bockiges Gesicht.

Da wurde es Marlon zu bunt. »Ach, wissen Sie was, dann behalten Sie doch Ihre Zahlen. Eigentlich ist das auch egal, wir haben nämlich schon längst neue.«

»Genau!«, stimmte Clarissa ihrem Bruder begeistert zu. »Wir haben Zeichen, wir haben Namen für die Zeichen und wir haben ein System! Und wenn das alle in der Schule kennen, dann ist doch eigentlich alles wie vorher.«

»Wenn man nämlich das System erst einmal verstanden hat, dann ist es auch ganz einfach«, sagte Elmar lässig.

Frau Grimbaldi sah verwirrt von einem zum anderen.

Da brach Pimpanello plötzlich auf seinem Sessel zusammen und fing an zu schluchzen. »Aber das ist es ja. Ich habe das nie verstanden. Nie! Zahlen waren für mich immer nur ein Durcheinander von irgendwelchen Zeichen.«

»Aber, aber«, tröstete die Direktorin ihn. »Dafür hast du doch andere Qualitäten. Du konntest schon immer besonders gut mit magischen Tieren umgehen.«

Pimpanello sprang auf und funkelte Frau Grimbaldi wütend an. »Ja, und ich hatte auch schon einen Arbeitsplatz im magischen Zoo Wunderland. Ich hatte mich so darauf gefreut und dann ..., dann haben sie mich doch nicht genommen, weil ich das Zauberabschlussdiplom nicht bekommen hatte! Weil *Sie* mir so eine schwere Nachprüfung gegeben haben.« Er zeigte anklagend auf die Direktorin.

Jetzt machte Frau Grimbaldi ein ganz bedröppeltes Gesicht und schob sich verlegen die Brille auf die Nase.

»Hm, das tut mir leid. Dabei hatte ich extra Aufgaben zum Knobeln ausgesucht, bei denen man nur wenig rechnen muss. Außerdem war ich gerade neu an der Schule und Doktor Siebelschreck saß mir im Nacken, weil sie meinen Posten als Direktorin haben wollte, da wollte ich alles hundertprozentig richtig machen. Ich hätte vielleicht nicht so übergenau sein sollen.«

Pimpanello zuckte mit den Schultern. »Tja, ich habe mir dann meine eigenen magischen Zootiere gesammelt.«

Die Direktorin lächelte. »Ja, das sehe ich. Weißt du Pimpanello, ich denke, wir finden für dich eine Lösung und auch für deine Tiere. Aber jetzt müssen wir uns als erstes um die Steinbeißer kümmern, die gerade unser Schloss auffressen.«

Der junge Zauberer nickte. »Ja, die wollte ich sowieso gleich einfangen. Onkel Primus hat mir vorhin davon erzählt. Die sind mir wohl ausgebüxt, das hatte ich noch gar nicht gemerkt. Aber erst mal ...«, er lächelte die Kinder an, »erst mal befreien wir jetzt die Zahlen. Versprochen ist versprochen!«

Kapitel IIII IIII II
Professor Tingeltangel

Die Kinder und Professorin Grimbaldi folgten Pimpanello in eine Nebenhöhle, in der eine massive grüne Holztür in den Felsen eingelassen war. Aus dem Raum dahinter war ein dumpfes Rumoren zu hören. BOMM! bollerte etwas von innen gegen die Tür, sodass das Holz erzitterte.

»Wer will?«, fragte Pimpanello und hielt den Kindern einen großen eisernen Schlüssel hin.

»Sind da die Zahlen drin?«, fragte Elmar ängstlich. Es klang eher nach einer Horde wild gewordener Sockenschlurpse.

Pimpanello nickte. »Ich glaube, sie wollen auch an ihre Plätze zurück.«

Marlon griff beherzt nach dem Schlüssel und ging zu der bebenden Holztür. Er steckte den Schlüssel ins Schloss und drehte ihn, dann holte er tief Luft und riss die Tür auf. Wie ein Tornado schossen die Zahlen hinaus! Abertausende wirbelten durch den Raum, zischten durch die Luft und bahnten sich ihren Weg. Frau Grimbaldi musste ihren Hut festhalten, damit er nicht mitgerissen wurde von dem gewaltigen Zahlenstrudel. Es dauerte nur eine Minute, dann war der Spuk vorbei. Eine kleine Vier trudelte als letzte aus der Höhle und verschwand im Labyrinth.

»Wow!« Clarissa war beeindruckt. »Das waren aber eine Menge Zahlen.«

Sauberlot zuckte mit den Schultern. »Das waren alle Zahlen aus Schloss Simbalablitz.«

»Ich möchte nicht ungemütlich erscheinen, aber wir müssten uns jetzt dringend um die Steinbeißer kümmern.« Die Direktorin blickte ungeduldig auf ihre Uhr, die jetzt endlich wieder die korrekte Zeit anzeigte. »In nicht mal einer Stunde steht Frau Doktor Siebelschreck auf unserem Schlosshof und hat bestimmt die halbe Zauberschulaufsichtsbehörde dabei.«

»Dann mal los«, sagte Pimpanello und wandte sich an die drei Freunde. »Am schnellsten geht es mit der flotten Treppe. Die habt ihr doch noch, oder?«

»Meinen Sie das kleine Holzkästchen?« Clarissa nickte und holte den Kasten aus ihrem Rucksack.

Der hagere Zauberer nahm ihn entgegen und stellte ihn vorsichtig auf den Boden. Dann nahm er seinen Zauberstab, zwirbelte ihn über dem Kästchen und murmelte. »Kästchen höre mich, Treppchen erhebe dich.«

Und schon wiederholte sich das Schauspiel, das die Kinder schon einmal erlebt hatten. Es klappte KLAPP, KLAPP, PLOPP! KLAPP, PLOPP, PLOPP! zu allen Seiten und schon führte vor ihnen eine schmale Steintreppe durch ein Holztor nach oben.

Marlon starrte Pimpanello entgeistert an. »Heißt das, wir hätten die ganze Zeit wieder nach oben gehen können?«

»Aber natürlich!« Der Zauberer nickte heftig. »Ich wollte euch doch nicht hier unten einsperren!«

»Und was sollte dann das *Labyrinth ohne Wiederkehr* bedeuten?«, fragte Elmar entrüstet.

»Das war nur ein Spaß. So haben wir das hier unten zu unserer Schulzeit immer genannt.«

»Schöner Spaß!«, grummelte Clarissa, während sie hinter den anderen die Treppe hochstieg.

Praktischerweise führte der Treppenausgang direkt auf den Schlosshof. Müde trat einer nach dem anderen

auf den Platz. Nebelschwaden zogen über den Boden, schwach beleuchtet von den ersten Sonnenstrahlen, die über die Burgmauer blinzelten. Es war ungewöhnlich still. So früh am Morgen war von den Schülern und Lehrern noch keiner zu sehen. Um diese Uhrzeit lagen auch Clarissa, Marlon und Elmar normalerweise noch im Bett und schliefen tief und fest.

Eine kurze Bestandsaufnahme erbrachte 132 Steinbeißer, die an den Wänden klebten und gemächlich die Steine zermalmten. Inzwischen sah die Burgmauer wie ein löchriger Käse aus. Zum Glück waren die Steine so dick, dass noch keine Wand zusammengebrochen war.

Pimpanello hatte eine kleine Spezialkiste dabei, die er vor sich auf den Boden stellte. Dann machte er ein paar Kniebeugen und streckte sich nach links und nach rechts.

»Da!«, stieß Marlon plötzlich einen Schrei aus und zeigte in den Himmel. »Da kommen sie!«

Mehrere kleine schwarze Punkte bewegten sich aufs Schloss zu und wurden langsam größer.

Frau Grimbaldi stöhnte. »Na, die wollte aber keine Zeit verlieren. Das war's dann wohl mit Simbalablitz.«

Marlon, Clarissa und Elmar bauten sich neben ihrer Direktorin auf. Sie waren bereit, für ihre Schule und für ihre Professorin zu kämpfen!

Schon landete Frau Doktor Siebelschreck mit fast dem gesamten Personal der Zauberschulaufsichtsbehörde auf dem Schlosshof. An die zwanzig Zauberer in lila Umhängen stiegen von ihren Besen und schritten auf die Direktorin zu.

Frau Doktor Siebelschreck richtete ihre Frisur und hielt sich nicht weiter mit Höflichkeiten auf. »Frau Grimbaldi, das hier ist der Ober-Schulaufsichtsbehördenleiter Professor Doktor Tingeltangel. Er möchte sich gerne selbst ein Bild von den ... *Zuständen* an dieser Schule machen.«

»Frau Professor Grimbaldi, guten Tag.« Tingeltangel schüttelte der Direktorin die Hand. Wenigstens war er ein bisschen höflicher als seine rothaarige Kollegin. Er räusperte sich. »Uns kam zu Ohren, dass Ihrer Schule die Zahlen abhanden gekommen seien und dieselbige außerdem aufgefressen werde von eigentlich ausgestorbenen Steinbeißern? Ist das korrekt?«

»Ja, also ...« Frau Grimbaldi wand sich. »Ich kann das erklären ...«

»Na, da bin ich aber gespannt!«, schnappte die Siebelschreck.

»Das mit den Zahlen war ja nur vorübergehend. Es war ein Experiment.«

»Genau«, stimmte Clarissa zu. »Wir sollten mal einen Tag lang ohne Zahlen auskommen.«

»Interessant«, murmelte Tingeltangel.

»Und dann haben wir unser eigenes Zahlensystem erfunden. Das funktionierte eigentlich genauso gut wie das alte«, erzählte Elmar begeistert.

»Flitsch, flatsch, plipp, plopp, motz, ping, pang, ding, dong, flitschig, flitschigflitsch, flitschigflatsch, flitschigplipp und so weiter und die flitschiger-Schritte sind flitschig, flatschig, plippig, ploppig, motzig, ... «

Frau Doktor Siebelschreck verzog das Gesicht, als hätte sie Zahnschmerzen. »Stopp! Danke, ich glaube das reicht!«

Tingeltangel strich über seinen langen weißen Bart. »Ganz außerordentlich«, murmelte er. »Ein Dezimalsystem und dazu noch logischer aufgebaut als unser eigenes. Wirklich ganz außerordentlich, dieses Experiment.«

»Aber denken Sie an die Steinbeißer! Diese Schule verkommt doch ohne eine fähige Direktorin«, kreischte Doktor Siebelschreck.

Frau Grimbaldi wurde rot. »Die Steinbeißer ...« Sie drehte sich um und guckte verwirrt zur Schlossmauer hinüber. »Ja, die Steinbeißer haben wir alle wieder eingefangen«, sagte sie und lächelte Frau Siebelschreck zuckersüß an. »Das war eine echte Herausforderung. Aber an unserer Schule gibt es zum Glück sehr fähige und engagierte Lehrer.«

Frau Siebelschreck wurde erst ganz blass um die Nase, dann lief sie rot an, als Doktor Tingeltangel sich ihr zuwandte. »Da haben Sie sich wohl ganz umsonst Sorgen gemacht, meine Liebe. Und Sie dürfen in der Zauberschulaufsichtsbehörde bleiben. Es war wirklich sehr selbstlos von Ihnen, dass Sie sich für den Posten der Direktorin von Schloss Simbalablitz zur Verfügung gestellt haben. Aber ich denke, die Schule ist bei Professorin Grimbaldi in besten Händen.« Herr Tingeltangel schien gar nicht zu bemerken, dass Frau Siebelschreck vor Wut dampfte.

Plötzlich stand Pimpanello zwischen ihnen, mit roten Wangen, einem rumorenden Spezialkästchen in den Händen und einem breiten Grinsen auf dem Gesicht.

»Und das ist der Schuldige«, sagte Frau Grimbaldi zu Doktor Tingeltangel und zeigte auf Pimpanello. Sofort fiel sein fröhliches Gesicht in sich zusammen und sein Blick huschte ängstlich über die versammelten Zauberer. Die Kinder hielten die Luft an. Ihre Direktorin würde Pimpanello doch wohl nicht verraten! Und das, nachdem er gerade die ganzen Steinbeißer eingefangen hatte!

Aber Frau Grimbaldi legte die Hand auf Pimpanellos Arm. »Das ist unser neuer Lehrer für magische Tierkunde. Er hatte auch die grandiose Idee zu dem Experiment mit den verschwundenen Zahlen.«

»Magische Tierkunde. Ein sehr unterschätztes Fach«, sagte Tingeltangel lobend.

Pimpanello schaute die Direktorin verunsichert an, doch die nickte ihm aufmunternd zu. Und da wurde ihm klar, dass er nun als Lehrer für magische Tierkunde auf Schloss Simbalablitz bleiben durfte. Er strahlte übers ganze Gesicht, als Tingeltangel ihm die Hand schüttelte und ihm zu seinen fortschrittlichen Methoden gratulierte.

»Ich denke, wir brechen dann auf«, bestimmte der Professor. »Hier ist alles in bester Ordnung und im Büro gibt es genug zu tun.«

Frau Doktor Siebelschreck warf der Direktorin und den Kindern einen vernichtenden Blick zu und Marlon konnte nicht anders, als ihr die Zunge rauszustrecken. Empört wandte sie sich ab und stieg hocherhobenen Hauptes auf ihren Besen. Dann stob die lila Wolke davon.

Lange starrten sie den Zauberern der Zauberschulaufsichtsbehörde hinterher, die langsam am Horizont verschwanden.

»Das ist ja gerade noch mal gut gegangen!« Frau Grimbaldi entfuhr ein erleichterter Seufzer. »Wie hast du die Biester denn nur so schnell wieder eingefangen, Pimpanello?«

»Ach, die Beißerchen hören eigentlich ganz gut, dann noch ein kleiner Schrumpfzauber und fertig ist die Soße«, sagte er bescheiden.

In diesem Moment kam der Hausmeister die Steintreppe hochgelaufen. Verwirrt sah er sich auf dem Schlosshof um, irgendwie hatte er das Gefühl, etwas verpasst zu haben.

»Euch danke ich jedenfalls sehr.« Die Direktorin schüttelte Clarissa, Marlon und Elmar die Hand. »Das war eine großartige Leistung. Und diese Flitsch-Flatsch-Ding-Dong-Geschichte, die müsst ihr mir mal in Ruhe erzählen. Jetzt werde ich unserem neuen Kollegen erst mal das Lehrerzimmer zeigen. Und dann müssen wir den magischen Zoo noch irgendwo unterbringen«, murmelte sie, während sie mit Pimpanello zur Schlosstreppe ging.

Die Kinder schauten den beiden hinterher.

»Ist doch super!«, sagte Clarissa. »Jetzt haben wir sogar einen magischen Zoo in unserer Schule.«

»Schade nur, dass wir jetzt wieder rechnen müssen«, grinste Marlon.

»Weißt du was?« Elmar knuffte seinen Freund in die Seite und hob das kleine Kästchen vom Boden auf, das sich inzwischen wieder zusammengefaltet hatte. »Wenn wir mal keine Lust haben, wissen wir ja, wo wir das magische Minus finden. Dann lassen wir es einfach eine Runde durchs Schloss drehen.«

»So macht Mathe Spaß!«

Westfalen-Blatt

ab 8 Jahre

128 Seiten, gebunden,
55 s/w-Illustrationen,
Südpol Verlag, 8,90 €
ISBN 978-3-943086-11-9

Lesepunkte bei Antolin sammeln!

Das magische Mal – Chaos in der Zauberschule

von Ina Krabbe

Clarissa, Marlon und Elmar müssen 1x1-Zaubersprüche büffeln, besonders Marlon ist das ein Gräuel! Bis sie in der Schulbibliothek eine alte Steintafel finden, die Zauberkräfte besitzt – das magische Mal! Plötzlich wimmelt es in den Klassenräumen von Minischweinen, Eulen, Fledermäusen und Knallfröschen. Aber dann tauchen Frau Professor Siebelschreck und Herr Doktor Düstermann auf und wollen die Zauberschule schließen lassen …

»Harry Potter trifft Einmaleins. (…) Eine pädagogisch geniale Idee, die sicher nicht nur Eltern überzeugt.«
Beate Strobel, Die kleine Leselampe

128 Seiten, gebunden,
55 s/w-Illustrationen,
Südpol Verlag, 8,90 €
ISBN 978-3-943086-30-0

Lesepunkte bei Antolin sammeln!

Das magische Muster – Rätsel um Käpt'n Dreidrecks Schatzkarte

von Ina Krabbe

In der Zauberschule Simbalablitz herrscht große Aufregung: In zwei Tagen wird hier das magische Museum eröffnet! Eine besondere Attraktion ist die Schatzkarte von Käpt'n Dreidreck – das magische Muster. Aber dann wird Elmars Onkel, der berühmte Zauberkrautforscher Estragon, von der verhexten Karte verschluckt und Elmar, Clarissa und Marlon müssen die Knobel-Rätsel des magischen Musters lösen, um ihn zu befreien. Gar nicht so einfach, denn es ist noch jemand hinter dem Schatz her …

»… eine nicht nur spannende, sondern auch sehr lustige Geschichte. (…) Angesprochen werden keinesfalls nur mathematisch interessierte Kinder, sondern alle.«
Arbeitsgemeinschaft Jugendliteratur und Medien der GEW

Für alle Tier- und Naturfans:

Löst mit den Grünen Piraten die spannendsten Fälle!

YOUNG PANDA

WWF

»Die Grünen Piraten« empfohlen vom WWF Kinder-programm Young Panda

Die Grünen Piraten

Poßberg & Böckmann

Die Grünen Piraten - das sind Pauline, Ben, Flora, Lennart und Jannik. Da, wo sie zum Schutz der Umwelt eingreifen, bleibt als Zeichen der grüne Totenkopf zurück. Bei ihren heimlichen Einsätzen kommen sie immer wieder in brenzlige Situationen ...

Band 1 - Jagd auf die Müllmafia
ISBN 978-3-943086-00-3
Band 2 - Im Netz der Tierschmuggler
ISBN 978-3-943086-05-8
Band 3 - Giftgefahr unter Wasser
ISBN 978-3-943086-10-2
Band 4 - Greifvögel in Gefahr
ISBN 978-3-943086-17-1
Band 5 - Diebstahl der Bienenvölker
ISBN 978-3-943086-29-4
Band 6 - Alarm auf der Robbenstation
ISBN 978-3-943086-41-6
Band 7 - Krumme Tour auf dem Hühnerhof
ISBN 978-3-943086-51-5
je 128 Seiten, gebunden, mit Illustrationen,
8,90 €

ab 8 Jahre

Lesepunkte bei Antolin sammeln!